亲身体尝

——互联网思维下的消费者保护

顾继东 秦悦民 著

復旦大學出版社

亲身体尝，是乌托邦还是街坊行为？

（代序言）

前三鹿奶粉的董事长会让自己襁褓中的孙子喝含有三聚氰胺的牛奶吗？

英国的农场主会吃自己牧场得了疯牛病的牛肉吗？

攫取了巨额利润的方便面老板会经常泡“问题方便面”吃吗？

出现水质问题的某些地方的父母官会每天饮用当地水源的自来水吗？

农民和当地的村镇干部日常餐饮中会食用喷洒了农药的蔬菜和有瘦肉精的猪肉吗？

由本书作者起草的《日用消费品生产者及其主要相关利益获利人〈亲身体尝法〉（建议稿）》（以下简称《亲身体尝法》），是为保证食品等日用消费品的产品质量，加强对日用消费品生产者及其主要相关利益获取人的合法监督，规范日用消费品的广告活动，保障公众生命权和健康权，而倡导立法。

所谓亲身体尝，是指日用消费品生产者的主要相关利益获取人在日常消费中应主要使用该生产者生产的日用消费品，通过自证的方式向社会大众公示其履行了本法规定的亲身体尝的义务；自证应通过公证等方式进行并放置网络等媒体公示。国家相应管理部门、消费者权益组织以及广大消费者主要运用互联网对此进行监督管理。

该法案的主要法理源于“己所不欲，勿施于人”的中国传统观念。生产者亲身体尝是取信于消费者的最为朴素的方法，可从源头上保证食品等日用消费品的产品质量，相应增强生产者及其主要相关利益获取人的道德责任心。

亲身体尝揭示的就是这样一种基本的互惠关系：我现在是你的生产者，下一刻是你的消费者，“你们愿意人怎样待你们，你们也要怎样待人”。如果我生产的产品自己不愿体尝而只知道推销给他人，那么，下一刻我所消费的也可能是他人以对等的同理心生产的产品：他人所生产的产品他自己不愿体尝而只知道推销给别人。

本书并不仅仅满足于从一般性民法原则、消费者保护相关法理去推理，本书重点论证：

1）公司制度加大了“匿名”社会的扩展，以“集体”遮蔽了个人的道德责任，破坏了包括投资者、管理者在内的主要利益相关者的人格整全，有可能造成生产者的道德角色分离，整个社会因资本流动性而有可能丧失道德的个人附着而存在“道德流动与漂浮”的风险。

《亲身体尝法》借鉴“戳破公司面纱”的概念，通过主要相关利益获取人的亲自尝试产品并对外发布，从而消除公司制度对于股东、经营者等主要相关利益获取人的匿名保护，从而使得消费者可以对有血有肉之人“指手画脚”，通过“闲言碎语”来制约股东、经营者等主要相关利益获取人。《亲身体尝法》并不扩大以股东的以货币为计量的财务的“有限责任”，但剥夺了其道德的匿名权。它要求主要相关利益获取人必须承担道德的个人责任。亲身体尝是企业社会责任中的核心。

2）法律专业知识的遮蔽，使得人数众多的“忍气吞声的被遗忘的大集团”愈发难以“集体行动”。消费者中的大多数人采取“理性无知”，即公众意识到公共事务的集体物品性质，以“搭便车”的心理理智地采取漠不关心的态度。法律知识的复杂和法律的专业分工带来了“隔膜”。“黑暗之子”进一步“操纵”，消费者的“法感情”变成无奈，放弃了“为权利而斗争”。

《亲身体尝法》试图以普通消费者朴素的经验感受与评判来降低法律认知的门槛。相对于专业的产品知识和对应的复杂的法律构建，《亲身体尝法》是一个弥补，试图降低消费者和生产者之间的信息不对称。

因为简单，因为开放，《亲身体尝法》也是罗尔斯差别原则在法律构建中的体现。它以一种专业知识认知的低就姿态来实现“平等的权利”，它低就信息不对称的消费者，试图使法律知识向所有人开放，从而“适合于最少受惠者的最大利益”。每个人在《亲身体尝法》体系面前都因为自身消费者和生产者的角色互逆，而保证它又遵从第一原则：每个人对与其他人所拥有的最广泛的基本自由体系相容的类似自由体系都应有一种平等的权利。

《亲身体尝法》不是一种唯理性建构，它也不预备“烧掉原有的”技术性法律。《亲身体尝法》的架构建立在惯例、习俗之上，它是惯例、习俗在互联网时代的进化。

3）《亲身体尝法》具有司法操作的可能性吗？互联网技术和

思维使之成为可能。互联网技术结构的平等性与去中心化，大数据的重关联与轻因果逻辑的思维，将与试图去除法知识遮蔽、唤起普通消费者法感情的《亲身体尝法》呼应和叠加。互联网思维下的《亲身体尝法》在开放互动平台上真正有可能实现"法律的平等"，包括法知识的获取平等、参与的平等，进而实现富勒所称的"大写的自然法——的无可争议的核心原则"，"我会说它存在于这样一项命令当中：开放、维持并保护交流渠道的完整性，借此人们可以彼此表达人们的所见、所感、所想。"

互联网技术结构的平等性带来了网状结构的社群存在，"每一个消费者和生产者都是自媒体"，在亲身体尝的网络平台上充分互动。而《亲身体尝法》用街坊语言消除法的神秘、法的疏离；戳破公司面纱后，主要相关利益获取者以平等的有血有肉的个体参与互动。互联网技术、思维，叠加《亲身体尝法》的简单和具象，这都将极大地唤起普通民众参与的法感情。

互联网思维下的《亲身体尝法》平台，将是草根的碎片时间和碎片信息的汇拢，将汇成人民战争的汪洋大海。消费者获得"空白委任状"，众筹后的力量将远远超过法官、工商执法部门。

上述思想也是本书对批判法理学的主要贡献。

亲身体尝是乌托邦还是街坊行为？对于这个问题的回答，首先是立足"从效率到良心"的历史境遇。

法律的与时俱进的观念，在古希腊是通过这样的神话来表述的：

> 荷马说，米诺斯每隔九年与宙斯相会，并跟他交谈，米诺斯定期向宙斯求教——宙斯俨然是个智者[i]。

《亲身体尝法》不否定效率，也不否定追逐利润，而只是瓦解了效率的唯一目标性，它的实践将完全平伏“把理性等同于自利最大化”[ii]的理论自负。

《亲身体尝法》体现了进入21世纪的中国因商业诚信缺失的极大痛苦所带来的良心呼唤。

> 我们无法在一个价值观因冲突与侵损而泯灭的疯狂竞争的社会中使人类的能力得到最大限度的发展。但是，我们必须要有某种人类活动的秩序来限制人类行为，规定个人的职责，以保护现存价值观，推动新价值观的产生[iii]。

《亲身体尝法》是一种良心发现机制，消费者可以发现公司面纱后面的主要相关利益获取人的诚信。在未来的淘宝、京东、亚马逊等商品网站，除了商品价格、功能、好评之外的比较外，还有一个商家“亲身体尝”的比较，如亲身体尝方式是否合理，频次、展示的可信度等。

除了比价，还有比良心。《亲身体尝法》呼唤社会对于更宽广的整体的人的目标追求。

要小心地注意，这里所倡导的良心和道德，不是威权统治者所要求的奴性“道德”（当然，也不得不捎带正义与平等的包装），也不是那种与过度自负所结盟的“道德狂热”（实际也是僭主，是威权的另类包装）。

《亲身体尝法》是知行合一的“仁”在当代法律尝试中的精神传承。它以日常的街坊行为构成情景式语言，使得广大消费者有着“直接、真实和清晰的体验”，它试图让生产者“心中创造最佳行为动机”。“必须凭良心生活”的《亲身体尝法》将是“把人与人联系起来的精神的团结一致”的互动平台。新世纪的法学思考[iv]，同样可以接续“克己复礼”，是孔子的“仁”。克己者，自我而克制，并不否认“自利”，而绝不是朱熹的“灭人欲”的伪道德；复礼，是回归古典自然法的传统，而不是“简单化地把整个法律意识视为尊重并遵守有权限的外在权威的命令的稳定习惯”，不是“仅以威胁为后盾”的威权秩序。最终，自律成为他律的源泉[v]。

当埋头于法律技术的细节的耕耘[vi]，浅薄而单纯的我们又仰望星空：寻求更基本的人性法则。

> 在全部被造物之中，人所愿欲的和他能够支配的一切东西都只能被用作手段；唯有人以及与他一起的每一个理性的创造物，才是目的本身[vii]。
>
> 己所不欲，勿施于人。

顾继东　秦悦民

2017 年元旦

注：

i 《米诺斯》，[古希腊] 柏拉图著，林志猛译/疏，华夏出版社，2010 年，P32。

ii 《伦理学与经济学》[印度] 阿马蒂亚·森著，商务印书馆，2014 年。

P9：在标准经济学中，人们是如何描述理性行为的呢？一般来说，在主流经济学中，定义理性行为的方法主要有两种。第一种方法是把理性视为选择的内部一致性（internal consistency of choice）；第二种方法是把理性等同于自利最大化（maximization of self-interest）。

iii 《法律史解释》[美] 罗斯科·庞德著，华夏出版社，2013 年。

另参 P99：个人良心应受良好的法律的指引和开导，在人的行为发生危机时，法律应给予光明的指点。

iv 我们必须思考苏力的问题。《法治及其本土资源》，苏力著，中国政法大学出版社，2004 年。

PVI：就过去的一百多年来说，中国无论在自然科学、社会科学还是人文科学（特别是前两个学科）都主要从外国、特别是从西方发达国家借用了大量的知识，甚至就连这些学科划分本身也是进口的——尽管它们现已成为我们无法摆脱、也不想摆脱的生活世界的一部分。然而，在借鉴这些外来的知识之后，在经济发展的同时或之后，世界也许会发问，以理论、思想和学术表现出来的对于世界的解说，哪些是中国的贡献？

v 此段写作，启发于《法律意识的实质》，[俄] 伊·亚·伊林著，清华大学出版社，2005 年。

P22：要想具有成熟的法律意识，心灵中就必须获得一种特殊的经验，它大概可以这样来表示：这首先是对某种触摸不到的、具有客观意义的对象进行的直接、真实和清晰的体验。

P28：法的精神使命在于：要活在人们的心中，用自己的内容去“充实”他们的感受并以此在他们的意识中形成内心确信，影响他们的生活和外在行为方式。法的任务则在于：要在人的心中创造最佳行为动机。

P23：如同要研究良心的实质就必须实施良心的行为和体验良心的呼唤，也就是说，必须凭良心生活；同样，要研究精神健康的法律意识也只能在自己心中寻找它，在生活的体验和实现中培养它、巩固它和深化它。

P235：自律应该成为他律的创造性源泉，应该把他律视为自己的必然产物并使之神圣化，然后使它成为能让自己得到普及和繁荣的武器。

P236：法是一种能把人与人联系起来的精神的团结一致现象。

vi 引自《全球化与法律理论》，[英] 威廉·退宁著，中国大百科全书出版社，2009 年，P371。

钱向阳：没有过去的纠缠，我们可以更快地适应新的世界；没有遗产的负担，我们可以获得更贴近全新的世界的全新认识。在这一点上，遗产的缺乏似乎成了中国人的优势。

优势是可能的，劣势却是肯定的。遗产的失去使我们失去了思想的武器，也因此失去了深层思考的能力。当今中国法学界沉醉于细枝末节的法律技艺，而且还本末倒置，把这些末端的技艺误作是法律与法学最重要最根本的所在。

vii 《实践理性批判》，康德著，韩水法译，商务印书馆，2015年。

P95：第一卷第三章

在全部被造物之中，人所愿欲的和他能够支配的一切东西都只能被用作手段；唯有人以及与他一起的每一个理性的创造物，才是目的本身。

P144：第二卷第二章

在目的的秩序里，人（以及每一个理性存在者）就是目的本身，也即他绝不能为任何人（甚至上帝）单单用作手段，若非在这种情形下他自身同时就是目的。

P177：结论

有两样东西，我们愈经常愈持久地加以思索，它们就愈使心灵充满日新又新、有加无已的景仰和敬畏：在我之上的星空和居我心中的道德法则。

Preface: Trying it yourself, a Utopia or Just Neighbors' Gossip

It is possible for the chairperson of Sanlu Group to feed her/his grandsons in infancy with the milk containing melamine?

Is it possible for the British farmers to eat BSE-tainted beef on their own farm?

Is it possible for a rich owner of instant noodles to eat his/her own problematic products?

Or if the water quality problem occurs, would the local officials still drink the tap-water from the local waterworks?

Or would the vegetables containing pesticides and pork containing lean meat powder be the daily food intake of those farmers and the village officials?

Firsthand Experience Law on the Producers and Other Main Stakeholders of Daily Consumption Goods (*proposal*), drafted by the authors, is aimed at ensuring the quality of daily consumption goods like food, strengthening the supervision of those producers and other main stakeholders, regulating the advertising activities and guaranteeing the right to life and health for all the citizens.

The so-called trying it yourself requires the producers and other main stakeholders of everyday consumption goods to mainly use their products in the everyday consumption. This shows to the public that they have already fulfilled their responsibility required by law through the way of *self-proof*. *Self-proof* is supposed to be made through the way of notarization and uploaded to social networks. The Internet will be the main form of supervision for the corresponding governmental authorities, consumer protection organizations and consuming public.

The legal theory of this draft comes from a traditional Chinese notion — do not do to others what you do not want other to do to yourself. The firsthand experience of the manufacturers is the simplest approach to win the trust of consumers, to guarantee the quality of the daily consumption goods from the very beginning, and to correspondingly strengthen the ethics of the producers and other main stakeholders.

Trying it yourself reveals the basic relationship-mutual benefit: do to others what you want to be done to yourself. This time, I am your producer. Next time, I will be your consumer. The products can't be sold without the manufacturer's firsthand experience. Otherwise, there is a high possibility that the products I get may not be the appreciated products by its own manufacturer. This is all based upon the theory of empathy.

This book is not limited to making reasoning based merely upon the general principles of civil law and consumer protection. The focal points are demonstrated as follows:

(1) Company institution expands the development of Anonymous Society, covering the individual ethical responsibility with collective ethical responsibility, damaging the character fulfillment of manufacturers and other main stakeholders and likely splitting the producers' moral roles. Due to the participation of immoral individuals, capital mobility of the whole society will likely be faced with a risk of "morality hazard".

Firsthand Experience Law on the Producers and Other Main Stakeholders of Daily Consumption Goods ("Firsthand Experience Law") borrows the concept of piercing the corporate veil. Through the direct and personal experience of main stakeholders and public announcement, it makes the shareholders and operators unable to be protected anonymously under the umbrella of company institution. This makes it possible for the consumers to use the tool of gossip directly to restrain the specific stakeholders like shareholders, operators and etc. Hence, Firsthand Experience Law wouldn't deprive shareholders of their limited liability measured by capitals, but the law would deprive their anonymous right in morality. Firsthand experience is the core of corporate social responsibility.

(2) The masking of legal professional knowledge makes it harder and harder for that "big weak-spirited and forgotten group" with vast population to work collectively. The vast majority of consumers take the attitude of being rationally ignorant. Even though they have already realized the characteristic of public affairs, they tend to be rationally indifferent due to the expectation of "freeriding". The complexity of legal professional knowledge and specialization of law become the barriers. The vicious power makes a further control and the legal emotion of consumers turns into frustration abandoning the struggle for rights.

Firsthand Experience Law endeavors to lower the threshold of legal cognition by consumers' simplest experience and judgment. Compared with professional product knowledge and the corresponding complicated legal construction, firsthand experience law acts as a kind of compensation, trying to rebalance the information asymmetry between the consumers and the manufacturers.

Due to its easiness and openness, firsthand experience law is a representation of Rawls' difference principle in the aspect of legal construction. It lowers the difficulty of professional knowledge to realize the right of equality. It favors consumers under information asymmetry. It tries to make legal knowledge open to the general public and can deliver the maximum interests to the minimum beneficiaries. Before the firsthand experience law, everyone has to be both the producer and consumer, which enables all the people to obey the first principle; the right to equality will be experienced in the freedom system just like the broadest basic freedom system.

Firsthand experience law is not just a ration-based construction. It does not aim at eliminating the originals of technical laws. Firsthand experience law is constructed under the customs and habits. Firsthand experience law is the evolution of customs and habits in the Internet age.

(3) Does firsthand experience law have the feasibility of being tested in judicial practice? The Internet makes it possible. The Internet has the features of being equal and decentralized. It attaches more importance to relations and may ignore the causality, all of which is helpful to demask the barriers of legal knowledge and encourage the law emotion of ordinary consumers. Under the Internet thinking, firsthand experience law has the possibility to realize "legal equality" on the open and interactive platform, including the equality of legal knowledge acquisition and participation. That satisfies "the undisputed core principles of great nature law" mentioned by Fuller. "I would say that it exists in such an order: opening, maintaining and protecting the integrity of the communication channels could make people express what they have seen, felt

and thought".

The equality of the Internet brings social groups in medulla oblongata. "Every consumer and producer is a medium". They enjoy sufficient interaction on the Internet platform and gain firsthand experience. Firsthand experience law shall use the tool of neighbors' gossip to eliminate the law's mystery and distance. After piercing the corporate veil, the main stakeholders have no choice but to interact equally as ordinary individuals. Internet technology and thinking, empowered with the simpleness and concretization of direct experience, will tremendously provoke the law emotion of ordinary people.

The platform of firsthand experience law, under the Internet thinking will gather the fragmented time and information of all the people, eventually turning into an integrated strong power promoting People's war. It means that consumers have access to a "blank letter of attorney". There is no doubt that the gathered power from those consumers will be much stronger than the power from judges and the administration of industry and commerce.

The above content of this book is the main contribution to Critical Jurisprudence.

Trying it yourself, a utopia or just neighbors' gossip? The answer to this question should first stand in the shoes of "from efficiency to conscience".

The concept of law is to keep pace with time, which is demonstrated in the following ancient Greek mythology:

Homer said: "Every nine years, Minos meets and talks with Zeus. Minos regularly refers to Zeus. Apparently, Zeus is a wise man."[i].

Firsthand experience law never denies efficiency or profit. Instead, it merely eliminates the sole purpose of efficiency. And in practice, it would entirely overcome theoretical shortcomings — "maximum of self- interest is equal to logos[ii]".

Firsthand experience law represents the conscience calling of China in its 21st century due to the agony caused by lack of business integrity.

We couldn't ensure that people's ability can be fully developed in a crazy society in which the values vanish due to conflict and inroads. However, the rules of certain kinds of human activities are a necessity for all of us. These rules can protect the recent values and stimulate the emergence of new values by regulating human's activities and individual responsibilities[iii].

Firsthand experience law is a system of conscience finding, which enables consumers to find the honesty of the main stakeholders behind the corporate veil. Except the price, function introduction and remarks of the product, the comparison of the merchants' firsthand experience would be added into the future development of commercial websites like Taobao, Joybuy and Amazon. For example, the rationality of methods, frequency and reliability of firsthand experience will be introduced as well.

The conscience would be taken into account other than merely price. Firsthand experience law calls the society to pursue for the specific goals of wider social group.

However, the conscience and morals mentioned in the article is neither about the servility "morals" required by the authoritarian rulers (of course, the servility "morals" definitely packed up with justice and equality.), nor about the "moral fanaticism" affiliated with the excessive conceit. Moral fanaticism is the alternative transformation of authority.

Firsthand experience law shows that benevolence of the unity of knowing and doing has become spiritual heritage in contemporary legal endeavors. Due to its basis on neighbors' gossip, vast majority of consumers could have access to "direct, realistic and clear experience". The manufacturers are driven to work under the pressure of "stimulating the most powerful motivation". Firsthand experience law, trying to make people live under conscience, is the interactive platform of connecting spiritual solidarity among different people. The legal reflection in the new century[iv] also takes in the element of "self-restraint and returning to propriety", which is the representation of Confucius' "benevolence". "Self-restraint" emphasizes the importance of regulating oneself rather than the necessity of "self-benefit". There is an absolute difference with the traditional theory "upholding justice, annihilating desire" from Chu Hsi. "Returning to propriety" attaches significance to the return of the tradition of classic natural law, which is not about authoritarian orders protected by "the shield consisting of mere threat". It is different from "simply viewing the whole legal cognition as stable habits of respecting and obeying the orders from exterior authority". As a consequence, self-restraint will be the source of external restraint[v].

It is time for us to look up at the starlit sky and seek for the more basic rules of human nature when we devote ourselves to the detailed investigation of legal technology[vi], isn't it?

In all the creations, what people want and control can only be used as means. Only the people, along with every rational creation, are the ultimate purpose itself[vii].

Do not do to others what you do not want others to do to yourself.

Jidong Gu, Yuemin Qin

2017/1/1

NOTE

i Plato: *Minos* (Ancient Greek), P32, translated by Zhimeng Lin, Huaxia Press, 2010-05-01.

ii Sen, Amartya (India): *On Ethics & Economics*, the Commercial Press, 2014-01-01.

P9: In the classic theory of economics, how do people describe rational behaviors? Generally, there are two ways to define rational behaviors in mainstream economics. The first approach is to view ration as internal consistency of choice; and the second approach is to equal ration to maximization of self-interest.

iii Pound, Roscoe (America): *Interpretations of Legal History*, P143, Huaxia Press, 2013-04-01.

P99 ~ 100: people's conscience is supposed to be directed and guided by good law. Law could give promising directions to people's behaviors when conflicts occurs.

iv Li Su: *Rule of Law and Local Resources*, China University of Political Science and Law Press, 2004-03-01. We have to take Li Su's question into consideration.

PV1 For the past one hundred years, China has borrowed a great deal of knowledge from foreign countries especially in the case of western developed countries. These knowledge ranges from natural science, social science to humanities (especially the former two subjects) and even the classification of these subjects is imported — China won't and is not willing to get rid of this knowledge which has already become parts of our life. However, at or after the time of economic development, the world may pose a question: what is China's contribution to the world's academic theory after borrowing a lot of knowledge from abroad.

v This paragraph is enlightened by the following book: Ильин, Иван Александрович: *Essence of Legal Cognition*, Tsinghua University Press, 2005-10-01.

P22: In order to have mature legal cognition, special experience is a necessity in the mind. It can be generally illustrated as follows: it should first be the direct, realistic and clear experience towards certain kinds of subjects with objective meanings.

P28: The spiritual mission of law is to make sense in people's mind, "fulfill" their feelings, create opinio juris and influence their lives and exterior behavior forms with the content of law. The task of law is to create the behavior motivation in people's mind.

P23: In order to investigate into the essence of conscience, it is necessary to behave with conscience and experience the call of conscience. In other words, that means living with conscience. Meanwhile, in order to investigate into the legal awareness under healthy condition, it is necessary to find it in the mind and daily experience, and then cultivate, strengthen and consolidate that awareness.

P235: Self-restraint is supposed to be the creative source of exterior restraint. This means exterior restraint is supposed to be viewed as the inevitable product of self-restraint, made into sanctification and exploited to be the weapon for its own spread and prosperity.

P236: Law is a typical scenario connecting the spiritual unity among different people.

vi William Tell Ning (UK): *Globalisation and Legal Theory*, P371, Encyclopedia of China Publishing House, 2009-09-01.

Xiangyang Qian: We could better adapt to the new world without previous entanglements. We could have access to new recognition about the new world without the burden of heritage. In this point, the lack of heritage seems to be the advantages of Chinese people.

Having advantages remains uncertainty while it is absolute to have disadvantages. The loss of heritage leads to the fall-out of the weapon of thought and the ability of deep reflection. The contemporary law community in China is addicted to the trivial legal technology, mistaken as the most important and fundamental element of law and legal research.

vii Kant, Immanuel: *The Critique of Practical Reason*, translated by

Shuifa Han, Commercial Press, 2015-05-01.

P95 The third chapter of the first volume:

In all the creations, what people want and control can only be used as means. Only the people, along with every rational creation, are the ultimate purpose itself.

P144 The second chapter of the second volume:

In the order of purposes, people (and every rational creation), are the purposes themselves and couldn't be used as tools by anyone else (even the God). Only in this condition, can the people themselves become the goals.

P177 Conclusion:

Two things fill the mind with ever new and increasing admiration and awe, the more often and steadily we reflect upon them: the starry heavens above me and the moral law within me.

目 录

Contents

第一章　亲身体尝

三鹿奶粉的董事长会让自己襁褓中的孙子喝含有“三聚氰胺”的牛奶吗?

英国的农场主会吃自己牧场得了“疯牛病”的牛肉吗?

攫取了巨额利润的方便面老板会经常泡“问题方便面”吃吗?

出现水质问题的某些地方的父母官会每天饮用当地水源的自来水吗?

农民和当地的村镇干部日常餐饮中会食用喷洒了农药的蔬菜和有“瘦肉精”的猪肉吗?

己所不欲,勿施于人。

1.1　《亲身体尝法》介绍

由本书作者起草的《日用消费品生产者及其主要相关利益获利人〈亲身体尝法〉(建议稿)》[1](以下简称《亲身体尝法》),是为保证食品等日用消费品的产品质量,加强对日用消费品生产者及其主要相关利益获取人的合法监督,规范日用消费品的广告活动,保障公众生命权和健康权，而倡导立法。

所谓亲身体尝，是指日用消费品生产者的主要相关利益获取人在日常消费中应主要使用该生产者生产的日用消费品，通过自证的方式向社会大众公示其履行了本法规定的亲身体尝的义务；自证应通过公证等方式进行并放置网络等媒体公示。国家相应管理部门、消费者权益组织以及广大消费者主要运用互联网对此进行监督管理。

该法案的主要法理源于“己所不欲，勿施于人”的中国传统观念。生产者亲身体尝是取信于消费者的最为朴素的方法，可从源头上保证食品等日用消费品的产品质量，相应增强生产者及其主要相关利益获取人的道德责任心。

该法强化了互联网在法律执行中的作用。在《亲身体尝法》的框架下，广大消费者可通过网络进行最广泛的监督与检举，此举将使生产者造假成本颇高，而民众监督成本低廉。公示包括参与强制自证的主要相关利益获利人的亲身体尝行为，通过现场录像等形式上传至政府或第三方专设网站和生产者企业网站以及相关利益获利人网站。也就是说，生产者扮演自我举证的角色，消费者扮演监督的角色。消费者的个体弱势将因网络等现代媒体公开快捷的传播而转为强势。弱势的消费者将通过自身争取而来的权利把握选择日常消费品的话语权。

生产者亲身体尝是一种朴素的质量保证方式，易于被普通消费者所接受、所识别、所评议、所参与。此举可促进改变现代广告过于渲染的定位宣传策略，而改以强调对产品真实性信息的披露。同时，日用消费品的生产者将通过亲身体尝在证实自己产品质量的可信度层面上互相竞争。在公证公示及市场竞争的压力下，生产者和广告商的部分智慧与精力将用于亲身体尝的自我举证。这一制度将影响日用消费品广告宣传的路向，切实保护广大消费者的权益。生产者花费如此之多的广告费用，消费者（所谓的上帝），除了获得广告定位技巧中的虚荣满足之外，又获得了多少真实的信息呢？反之，若能实现让消费者看到生产者在幸福地享用自己的产品，这种真实的幸福感必将传递给生产者的每一位客户乃至潜在客户，这比任何精心打造的广告都更具有信服力。而网络的出现，以及影像上传等技术的进步，给生产者亲身体尝的自我证明以及消费者的亲眼看见带来实现的可能。比如，生产者及其主要相关利益获利人可以尝试"网红"的技术和商业模式。

就法经济学的层面而言，亲身体尝制度的构建及相关费用的支出并未增加整个社会的成本，相反，社会资源因该制度而得到优化配置，日用消费品的生产者及其主要相关利益获取人实践《亲身体尝法》，可从源头杜绝日用消费品市场"劣币驱逐良币"的现象，并将最大限度地减少公众因信息不对称而支付的成本，增强整个社会的福利。

《亲身体尝法》是国际司法理念的一个大胆法律创新，也体现了对中国传统文化的创造性转换，该法的施行拟制是对"以人为本"理念的践行，也将推动我国和谐社会法律制度的构建。

1.2　一般性法理的支持与挑战

《亲身体尝法》可以从自然法与经验主义出发的一般性法理中获取支持。

富勒曾经引用"山上宝训"来揭示"明智的互惠关系"。

> 即使是在“山上宝训”(Sermon on the Mount)这样的神圣教诲中,也反复提到明智的互惠关系。“你们不要论断人,免得你们被论断。因为你们怎样论断人,也必将怎样被论断;你们用什么量器量给人,人也必用什么量器量给你……所以,无论对何事而言,你们愿意人怎样待你们,你们也要怎样待人:因为这就是律法和先知的预示。”[2]
>
> 我想我们可以辨识出义务概念之最佳功效的三项条件。首先是互惠关系,从这种关系中产生出来的义务必然导源于直接受影响的当事人之间的自愿协议,他们自己“创造了”这种义务。其次,当事人的互惠式履行必须在某种意义上是等值的。第三,社会中的关系必须具备充分的流动性,以至于今天你对我负有某种义务,明天我可能对你承担起同样的义务,换句话说,义务关系在理论上和在实践中都必须是可逆的(reversible)。

菲尼斯对此“黄金规则”也有类似的引用和表述[3]。

亲身体尝揭示的就是这样一种基本的互惠关系:我现在是你的生产者,下一刻是你的消费者,“你们愿意人怎样待你们,你们也要怎样待人”。如果我生产的产品自己不愿体尝而只知道推销给他人,那么,下一刻我所消费的也可能是他人以对等的同理心生产的产品:他人所生产的产品他自己不愿体尝而只知道推销给别人。

回到孔子的智慧,也就是“己所不欲,勿施于人”,《亲身体尝法》所要倡导的恰是这个基础的道德义务的“推恩”[4],由自己推向家人,推向熟人,推向陌生人。

这个基础的道德义务的“推恩”，是基于人类共通的“同一种社会性的同情，也即对人类的幸福或苦难的同胞感（fellow-feeling）”[5]，只能在判断力和知性的协助下通过“约定”来完成，即人为地建立一种“一般的共同利益的感觉”。

> 正义作为德性，其根源完全在于维护社会的和平和秩序、促进人类的生存和发展这种需要和目的。在这个意义上，正义得以确立纯粹在于其“公共的效用”，这就是说，“公共的效用”是人们通过人为设计而确立正义和不正义的区别的直接源泉。但是从更深一层意义上看，也即从前面两个方面的必需性上看，正义的原始动机则是人们的自私性或自我利益，或者毋宁说是人们的自私性与现实的有限财富之间的紧张关系[6]。

类似亲身体尝的实践，在灿若星辰的人类杰出人物身上，我们常常可以看到。

《淮南子·修务训》记载：“神农乃始教民，尝百草之滋味，识水泉之甘苦”。中华民族还世代流传一个感人的神话传说：神农氏为了给人们寻找治病的草药遍尝百草，然而，某一天他不幸地吃到一种剧毒的断肠草，肠子断烂，为远古人民的健康付出了自己的生命。

18世纪时，英国流行天花，许多人因此丧生。爱德华·琴纳发现挤牛奶的女工很少得天花，经过研究与动物实验，他认为接种牛痘可以预防天花。他毅然排除各种反对和干扰，勇敢地在亲生儿子的胳臂上种了牛痘并获得成功。爱德华的亲身体尝给预防天花的推广带来无比的信任与信心，成功地拯救了无数人的生命。

进入当代,亲身体尝恰恰是专业人员最合适地遵守“绝不明知其害而为之”[7]这一伦理的基本准则、示范公共责任的专业行为。

回到康德的理性大厦,最后的理性凝结是:负有义务的实质是,不能仅仅把自己设定为目的,并且,不能把其他人作为手段来对待。亲身体尝的主旨恰是生产者负有义务的实质。

1.2.1 民法的基本原则

《亲身体尝法》可以从现代民法的最高指导原则——诚实信用原则得到支持。

德国学者施塔姆勒认为,法律的标准应当是社会的理想——爱人如己的人类最高理想,行为符合这种理想即符合诚信原则。这种理想处在高于法律和契约的地位,诚信原则便是这种最高理想的体现[8]。

> 所谓诚实信用,是市场经济活动中形成的道德规则。它要求人们在市场活动中讲究信用,恪守诺言,诚实不欺,在不损害他人利益和社会利益的前提下追求自己的利益[9]。

日用消费品生产者的主要相关利益获取人在日常消费中使用该生产者生产的日用消费品,是以一种朴素的方式来实现他的“诚实不欺”,他在追求自己货币利益实现的同时,并不损害消费者的利益和社会的公共利益。

“诚实信用原则是未形成的法规,是白纸黑字规定。换言之,是给法官的空白委任状”,那么,在互联网时代,《亲身体尝法》则是诚实信用原则对民众的开放,具体而透明。《亲身体尝法》给了广大消费者以“空白的委任状”。要求生产者的主要相关利益获取人通过自证的方式向社会大众公示其履行了亲身体尝的义务。自证应通过网络等媒体公示。除了国家相应管理部门、消费者权益保护组织，广大消费者更是运用互联网对此监督管理的主力军。消费者可以对每一个生产者“亲身体尝”的方式评头论足，更可以对“亲身体尝”的真实性爆料。在“人民战争的汪洋大海”中，生产者不得不自珍。

《亲身体尝法》实施了现代民事义务的某些最高原则：不损害他人的义务，帮助邻人的义务[10]。

《亲身体尝法》是在商品进入交换前，生产者和消费者交往握手时主动伸出的表白之手：我没有隐藏，我不伤害你。任何的“交往正义”的体现，都没有如此直观和朴素。

> 对于亚里士多德哲学传统的著述家们来说，他们区分两种不同的正义概念，即分配正义和交换正义，法律最终建立在这两种正义概念基础之上。分配正义的目标是确保每个人得到他所需要的东西。交换正义的目标则是使每个人在没有不公平地减少其他人的同样能力的前提下获得所要之物[11]。
>
> 我们应就当今文明的一个法律先决条件取得一致意见，即在我们的社会中，人们必须能够假设其他人不会有意地侵损他们[12]。

1.2.2　安全

《亲身体尝法》也是实现法律中最为基本的目的——安全——

切实有效的手段之一。生产者亲身体尝将有效预防,适度保障“消费者不受不合理危险的侵害,不受不卫生因素的侵害,人身安全不受损害。”[13]

现代社会中的消费品问题以食品安全为首,直接影响着人们的身体健康、财产等安全,甚至出现了不可控制的混乱现象[14]。《亲身体尝法》试图将此基础的道德义务上升为国家强制力保障实现,以建立“某种适于生存的秩序形式”。

作为人类生存与发展、实现其他一切基本需求的前提条件,一如霍布斯所指出的:“人民的安全乃是至高无上的法律。”“安全有助于使人们享有诸如生命、财产、自由和平等等其他价值的状况稳定化并尽可能地维续下去。”[15]

正如北京大学教授、博士生导师杨紫烜先生所称:“消费者权利作为一种基本人权,是生存权的重要组成部分。由于消费者权利是人类在生活消费过程中应享有的权利,因此,法律必须予以保障,以使消费者的基本人权从应然的权利转化为法定的权利。”

1.2.3 消费者保护相关法理的支持

《亲身体尝法》体现了对消费者[16]的保护。“于其背后,发生了从把人作为理性的、有意思的、强而智的存在的把握方法,向以弱而愚的存在为中心去把握的方向的转换。”[17]《亲身体尝法》介入交换、介入缔约的过程是实质正义的要求。

正如“产品责任法是一个混合物”[18],《亲身体尝法》也同样混合了产品责任法中的“适销性默示担保”、消费者知情权、公司法的“戳破公司面纱”、广告法中的“证人真实性”原则等。

亲身体尝是“适销性默示担保”[19]的朴素表白。生产者亲身体尝将是“卖者须自当心”的最好实践，证明生产者作为有限理性人，在公知的“工艺水平”下，产品没有过分的危险和不可避免的缺陷[20]。亲身体尝将说明产品被购买和出售符合一般的使用目的，是“适销性默示担保”的朴素表白。一般来讲，若生产者不愿意在自己的日常生活中使用自己的产品，将使消费者怀疑此产品是否具有缺陷。通过亲身体尝，可以“推定知道”，生产者确已“尽合理注意”[21]，于同一日常生活的境地中合理消费，以其有限理性预见风险并控制风险，并避免出售导致伤害的、不合理风险的产品流通至一般的消费者手中。这应该是“消费者期望”[22]的组成。

生产者在亲身体尝中也可以实现警告义务。生产者真实地在日常生活中的使用以及预防，将是普通消费者可以理解的实质风险的预防信息。这可以防止提供过多信息的危险，避免“警告污染”[23]。

亲身体尝将从一个侧面来说明“工艺水平”[24]，如果生产者能够日常消费自己生产的产品，也就是说明了他理性的限度，反映了他的认识中的“科学和技术”不极端，具有一定公允性。反之，如果他没有亲身体尝自己的产品，那么，工艺水平则不可以成为抗辩理由。

生产者亲身体尝的信息将成为消费者知情权[25]的构成之一。亲身体尝将驱除广告的部分迷雾，降低消费者信息搜寻的成本。《亲身体尝法》将在“决定当事人之间如何分享信息上能发挥重要的作用”[26]。《亲身体尝法》将使消费者以简要、清晰、可以普通经验理解的方式获得消费选择的重大信息。这将一定程度地缓解信息发布的不对称状态：非专业对专业，非知情对知情。信息的完整性寓于生产者的真实日常消费。

在《亲身体尝法》之下，消费者的知情权得到了一定程度的保障，因为生产者的亲身体尝是朴素的、可以一般人经验理解的，因而消费者不再是外行；《亲身体尝法》在网络平台的实施，消费者将建立有效的联盟。如此，“消费者既是外行，又是孤立的个人”[27]的状态将有所改观。

《亲身体尝法》设立的生产者举证责任，是“广告证实制度”的延伸[28]。《亲身体尝法》也是“广告代言的原则”的深入。广告陈述代言人使用某种产品，代言人必须在既定的代言期间确实使用了该产品。代言关于产品或服务的效用必须是可验性的，即广告必须对产品效用拥有可信赖的充分证明[29]。亲身体尝通过代言人在日常生活中的使用，部分地验证了相关产品或服务的效用性和代言陈述的可信赖性。

1.2.4 需要面对的理论挑战

《亲身体尝法》必须面对来自“道德与法律分离”的挑战。

> 所谓法律与道德的分离主题，其目的旨在说明“在缺乏宪法和法律明确规定的情况下，我们不能仅仅因为一个规则违背了道德标准而否认它是一个法律规则；相反，也不应该因为一个规则在道德上是令人向往的，便认为它是一个法律规则。”[30]

《亲身体尝法》会不会是“爱邻如己”原则的泛滥使用呢？

> 关于理想社会的理论提出这种可能性：他们希望每个公民深深地怀有感情并以等同的人格去对待所有其他的人，犹

> 如恋人、最亲密的朋友或关系密切的家庭成员那样。当然，我们不能把任何政治社会的政治都说成是表现出那种程度的相互关注，也不能说是这种理想具有吸引力。它所期待的对人格和自主的一般让步，几乎不会给人们掌握自主的生活留有余地，而是使人们不由自主地生活着。它将毁灭它所赞赏的情感。我们的生活是丰富多彩的，因为我们的生活在我们所处社会的各个层次与性质中错综复杂。如果我们对恋人、朋友或同事的感情与对所有同胞最深切的关注没有不同的话，那么，这将意味着爱的衰减，而不是普遍的爱。[31]

《亲身体尝法》会不会是又一个“公司责任爆炸”并破坏契约精神？[32]

《亲身体尝法》具有司法操作的可能性吗？

如果不能回答和解决这些问题，《亲身体尝法》或许将航行到“法律的好望角”，遭遇失败[33]。

1.3　我们的回答

我们在第一章中将以“排除器式”的概念、法律发展的历史性视野来初步回应这些问题，并在第二、三、四章作出主要的回答，包括：

1）公司制度加大了“匿名”社会的扩展，以“集体”遮蔽了个人的道德责任，破坏了包括投资者、管理者在内的主要利益相关者的人格整全，有可能造成生产者的道德角色分离，整个社会因资本流动性而有可能丧失道德的个人附着而存在“道德流动与漂浮”的风险。

《亲身体尝法》借鉴“戳破公司面纱”的概念，通过主要相关利益获取人的亲自尝试产品并对外发布，从而消除公司制度对于股东、经营者等主要相关利益获取人的匿名保护，从而使得消费者可以对有血有肉之人“指手画脚”，通过“闲言碎语”来制约股东、经营者等主要相关利益获取人。《亲身体尝法》并不扩大以股东的以货币为计量的财务的“有限责任”，但剥夺了其道德的匿名权。它要求主要相关利益获取人必须承担道德的个人责任。亲身体尝是企业社会责任中的核心。

《亲身体尝法》要求产品的主要相关利益获取人通过体尝自己的产品之后再将产品投入流通，以同理心尊重消费者，以亲身消费来背书产品质量安全。法律只是将产品的主要相关利益获取人视为“合理人”，亲身体尝是一个“良家父”应尽的合理注意义务。

《亲身体尝法》是衡平性思维下法的生长，由弊端而开启的修复与生长，是对公司制度的必要补充，是制度的接续和开进。作为一项“目的性事业的法律”，《亲身体尝法》是法律的章回性小说的一个历史性篇章，是制度整体性生长的一部分。

2）法律专业知识的遮蔽，使得人数众多的“忍气吞声的被遗忘的大集团”愈发难以“集体行动”。消费者中的大多数人采取“理性无知”，即公众意识到公共事务的集体物品性质，以“搭便车”的心理理智地采取漠不关心的态度。法律知识的复杂和法律的专业分工带来了“隔膜”。“黑暗之子”进一步“操纵”，消费者的“法感情”变成无奈，放弃了“为权利而斗争”。

《亲身体尝法》试图以普通消费者朴素的经验感受与评判来降低法律认知的门槛。相对于专业的产品知识和对应的复杂的法律构建，《亲身体尝法》是一个弥补，试图降低消费者和生产者之间的信息不对称。

因为简单，因为开放，《亲身体尝法》也是罗尔斯差别原则在法律构建中的体现。它以一种专业知识认知的低就姿态来实现“平等的权利”，它低就信息不对称的消费者，试图使法律知识向所有人开放，从而“适合于最少受惠者的最大利益”。每个人在《亲身体尝法》体系面前都因为自身消费者和生产者的角色互逆，而保证它又遵从第一原则：每个人对与其他人所拥有的最广泛的基本自由体系相容的类似自由体系都应有一种平等的权利。

《亲身体尝法》不是一种唯理性建构，它也不预备“烧掉原有的”技术性法律。《亲身体尝法》的架构建立在惯例、习俗之上，它是惯例、习俗在互联网时代的进化。

3）《亲身体尝法》具有司法操作的可能性吗？互联网技术和思维使之成为可能。互联网技术结构的平等性与去中心化，大数据的重关联与轻因果逻辑的思维，将与试图去除法知识遮蔽、唤起普通消费者法感情的《亲身体尝法》呼应和叠加。互联网思维下的《亲身体尝法》在开放互动平台上真正有可能实现“法律的平等”，包括法知识的获取平等、参与的平等，进而实现富勒所称的“大写的自然法——的无可争议的核心原则”，“我会说它存在于这样一项命令当中：开放、维持并保护交流渠道的完整性，借此人们可以彼此表达人们的所见、所感、所想。”

互联网技术结构的平等性带来了网状结构的社群存在，“每一个消费者和生产者都是自媒体”，在亲身体尝的网络平台上充分互动。而《亲身体尝法》用街坊语言消除法的神秘、法的疏离；戳破公司面纱后，主要相关利益获取者以平等的有血有肉的个体参与互动。互联网技术、思维，叠加《亲身体尝法》的简单和具象，这都将极大地唤起普通民众参与的法感情。

互联网思维下的《亲身体尝法》平台，将是草根的碎片时间和碎片信息的汇拢，将汇成人民战争的汪洋大海。消费者获得“空白委任状”，众筹后的力量将远远超过法官、工商执法部门。

上述思想也是本书对批判法理学的主要贡献。

1.3.1 排除器式的“善”的具体行动

亲身体尝不是法律的泛道德化，也不是“爱邻如己”这一愿望道德的泛滥，它是一个“排除器的概念”。亲身体尝是市场经济中的“善意”的具体行动。它要排除的“恶”是：我不愿消费的产品，我推销给了陌生的消费者。

> 有一些法律思想特别适合于这种排除器式的概念方式，对于“善意”来讲更是如此。有一些词汇并不能直接地或正面地看出其内涵，但是它却排除了某些东西。这种排除器式的概念方式最早出现在Arisone的文章中，后来，牛津大学教授J.L.奥斯汀对此作了更进一步的研究，他的有关“真正”(reality)的理论如下：
>
> “一只真正的鸭子”是有别于“一只鸭子”的，这在于它排除了各种各样的非真正的鸭子的可能性——譬如说一只玩具鸭子，一只画上的鸭子等。除非我知道“什么不是一只真正的鸭子”，否则，我不会说“这是一只真正的鸭子”。“真正”并不是从正面来肯定什么，而是从反面去排除，这就是那些所有为“真正”寻找共性的企图失败的原因。
>
> “真正”这个词汇本身在法律中并不常用，经常用的其实

是类似的排除器式的概念方式。"自愿"这个既用于道德领域又用于刑法领域的词汇,就非常接近于一个排除器式的概念。H.L.哈特曾说;"'自愿'这个词汇实际上排除了其他很多情形,比如身体冲动、胁迫、事故、错误等。""平等"在许多部门法律中也是一种排除器式的概念方式,它排除了各种各样的歧视和不平等的分类。"公平"的概念也是如此。

应当说,"善意"被最大程度上概念化为一个排除器。"善意"并不适合于正面界定,比如赋予它充分必要的条件,反之,它作为一个排除器排除了一系列的各种情形,相比较而言,其他概念方式未必有如此效果。我们并不拒绝以法律目的来界定"善意"的范围和界限,我们也不拒绝法官应尽力明晰"恶意"和"善意"之间的标准——问题在于语境不同标准也就不相同[34]。

亲身体尝是一个具象的善意行为,是积极行为,是完成"监管清单责任"之外的"善"的整体性体现,是排除器式的道德律令。

1.3.2 现实急迫性源于广泛的"恶行"

亲身体尝"这种利他主义的渴望,来自人类经验中完全不约束自私产生的恶行"[35]。

我们需要以权力来抵消大多数人不顾他人——尤其是陌生人——利益而只顾自己的自然本能。

被控参与"波士顿大屠杀"的英军士兵主张他们是为了抵抗丢

掷石块的挑衅者而行使自卫权，亚当斯在为这些英军辩护时曾提出这样的论点：

> （人类职责的）第一根枝干就是爱自己。（上帝）将它栽种在那里……布莱克斯通称它为自然法的“首要准则”。我们的神圣宗教的箴言，命令我们要爱人如己……嘱咐我们要善待同胞，我们的情感要如同对待自己一样真挚而恳切、不应因亲疏不同而有所差别。

在中国，亲身体尝首先是一种对现实急迫性的回应。现实急迫性源于广泛的“恶行”。我们来看看网络和微信中的调侃：中国人在食品中完成了化学扫盲。从大米里我们认识了石蜡，从火腿里我们认识了敌敌畏，从咸鸭蛋、辣椒酱里我们认识了苏丹红，从火锅里我们认识了福尔马林，从银耳、蜜枣里我们认识了硫磺，从木耳中认识了硫酸铜，三鹿又让同胞知道了三聚氰胺的化学作用。

1.3.3 更广泛的历史视野：效率与良心之间的“允正中道”

罗斯科·庞德在他的《法律史解释》中曾经这样描述19世纪：法制史是被当作展现个人自由的记录来撰写的，是被当作在个人意志的压力之下不断增长的对个人利益的承认与保护的记录来撰写的。但是尚能以不断扩大的对社会利益（即对包含在文明社会生活中的权利与要求）的保障与承认为依据，而不是以个别人生活中的社会利益的承认与保障为依据来撰写法制史，也会一样的容易。

他进一步阐述：“如果合作还不是全部内容的话，那么它也是全部内容里很大一部分。但是我愿意设想，承认合作在各方面重新加以强调，是走向某种理想的一个步骤，这种理想在包括自由、自发的个人主动精神的同时也包括人类有组织的努力；而且我似乎看到这一理想就寓于文明的观念之中。”“一种文明的理想、一种把人类力量扩展到尽可能最高程度的思想、一种为了人类的目的对外在自然界和内在本性进行最大限度控制的理想，必须承认两个因素来达到那种控制：一方面是自由的个人主动精神、个人的自发的自我主张；另一方面是合作地、有秩序地（如果你愿意这样说的话）组织起来的活动。如果我们想要保持对自然和本性的控制，使之前进，并流传下去，那么对这二者就都不应该加以忽视。”他也在历史的视野中展望，“在前一种社会秩序中，对它的公认理想业已形成，它的各种法律假设也为众所周知；在后一种社会秩序中，还没有充分发展到能容许它制定出一个为所有人都接受的理想（如同所有学派接受上一世纪的理想那样），或提出我们可以确信其为有效的各种法律假设的程度。”[36]

这种个人自由和集体合作之间的摆动，实际也是“斯密矛盾”[37]在法律人性假设上的摇摆。

> 一方面，是“从身份到契约的发展”，另一方面，（罗马人，他们所思考的）在商品社会中，交易安全是一种具有头等重要性的社会利益。那些在社会共同的相互关系中与他人交往的人，须按诚信的原则行事，即应实现他们的行为所创设的期望，应按照他所处的社会道德情感及期望履行诺言[38]。

21世纪的世界，包括个人主义、市场经济高歌猛进的中国，已经出现“责任的落寞”。《亲身体尝法》所要强化的、偏重的恰是公司背后的主要相关利益获取人的责任。

> 人并非仅受到个人利益的驱使,还应当考虑行为的道德因素,应当将善心、诚实、信心、高尚的信仰等观念加以科学的分析,没有这些,任何经济生活都是不可能的[39]。
>
> 我们无法在一个价值观因冲突与侵损而泯灭的疯狂竞争的社会中使人类的能力得到最大限度的发展。但是,我们必须要有某种人类活动的秩序来限制人类行为,规定个人的职责,以保护现存价值观,推动新价值观的产生[40]。
>
> 历史表明,要求承认个人权利的欲望在任何时候都不可能完全从人的头脑中消除。另外,似乎也没有一个社会能够消除公共利益的观念,因为它根植于人性的共有成分之中[41]。
>
> 为了确保人们的创造力被用于实现最有价值的文明目标,就必须打好重要的基础。务必注意的是,不能使人们的精力消耗或浪费在与邻人的不断冲突中、个人间与群体间的私人斗争中,也不能使人们的精力消耗或浪费在时刻警惕和提防反社会分子的挑衅性和掠夺性行为之中。除非社会为个人与群体保证一定程度的安全,否则,他们就无法致力于那些人类通过共同努力所能实现的更为广泛的目标[42]。

从效率到良心,是这个时代的法律制度建设中必须看到的转折。当然,这不是从一个极端走向另一个极端,而是从某一方面的偏重转向另一方面的偏重,是效率与良心之间的“允正中道”,智慧而艰辛,是“中庸”。

亚里士多德的"允正中道"(just mean)概念绝不是什么陈词滥调。我们不能把这种"中道"同现代人的"中间道路"(the middle way)概念混淆起来。对于现代人来说,中间道路是易行的道路,只需付出极少的努力。对于亚里士多德来说,"允正中道"是艰辛的道路,是偷懒的人和掌握不到技巧的人很容易跌倒在上面的道路。从这种意义上讲,它像健全的经济管理一样要求洞见和智慧[43]。

《亲身体尝法》试图通过创造性司法的途径来弥补法律与社会生活之间的裂缝,它是现有"诚信原则"指引下的逻辑推理,也是沿着法律历史趋势的衡平生长,它也小心翼翼地承继社会习惯传统与道德习俗。

己所不欲,勿施于人。

注:

[1] 日用消费品生产者及其主要相关利益获利人《亲身体尝法》(建议稿)

目　录

第一章　总则
第二章　亲身体尝
第三章　监督管理
第四章　法律责任
第五章　附则

第一章　总　则

第一条　为保证食品等日用消费品的产品质量,加强对日用消费品生产者及其主要相关利益获利人的合法监督,规范日用消费品广告活动,保障公众生命权和健康权,制定本法。

第二条　本法所称的日用消费品生产者,是指在中国境内生产日用消费品的企业，以及在中国境内出售日用消费品的境外企业。

第三条　本法所称的主要相关利益获利人，包括日用消费品生产者的董事、监事、高级管理人员、生产管理人员、生产监督人员、广告代言人、广告经营者及从事日用消费品质量检验认证的营利性社会中介机构的相关负责人员。

第四条　国务院设立日用消费品监督管理委员会，其工作职责由国务院规定。国务院质量监督、工商行政管理和国家食品药品监督管理部门依照本法和国务院规定的职责，分别对日用消费品生产、流通实施监督管理。

第五条　国家鼓励个体农户进行自愿自证，农产品生产所在地的乡镇一级政府负责进行相应组织并予以财政支持。

第六条　日用消费品监督委员会定期在专设网站公布自愿自证者的名单，并鼓励自证计划的合法商业化运行。

第二章　亲身体尝

第七条　本法所称的亲身体尝，是指日用消费品生产者的主要相关利益获利人在日常消费中应主要使用该生产者生产的日用消费品。日用消费品生产者有义务组织或配合该等义务的履行。

第八条　主要相关利益获利人可通过自证的方式向社会大众公示其履行了本法规定的亲身体尝的义务；自证应通过公证等方式进行并予以公示。

第九条　自证的种类包括：

（一）强制自证。被认定为下列产品的日用消费品的生产者的主要相关利益获利人应每月履行自证义务。

1. 具有驰名商标的产品；
2. 中国名牌产品；
3. 国家免检产品；
4. 全国、各省、自治区、直辖市相关市场占有率为前五名的产品；
5. 全国、各省、自治区、直辖市相关市场广告投放量前五名的产品；
6. 全国、各省、自治区、直辖市投诉量、退货率、返修率排名前五位的产品；
7. 日用消费品监督管理委员会认定的其他日用消费品。

（二）自愿自证。国家鼓励其他日用消费品生产者的主要相关利益获利人进行自证。

（三）农产品产地自愿自证。国家特别鼓励农产品生产所在地的乡镇一级政府主要负责人参加与组织自愿自证计划，日用消费品亲身体尝基金与各级财政可给予财务支持。参加自愿自证的农产品可贴有农产品产地自证标识，该标识受法律保护。

第十条　公示的方式包括：

（一）现场公示。现场公示的内容和地点应通过公众媒体向社会公布。

（二）媒体公示。通过电视直播等新闻媒体进行公示。

无论进行现场公示抑或媒体公示，参与强制自证的主要相关利益获利人的亲身体尝行为均应通过现场录像的形式上传至日用消费品监督管理委员会专设的网站和日用消费品生产者企业网站以及主要相关利益获利人网站进行公示。国家鼓励自愿自证的主要相关利益获利人在上述网站公示其自证内容。

参加强制自证与自愿自证的单位与个人，须在产品包装及相关广告上明显标示产品参加自证，并公布自证公示的网站。在工商年检、财务、税务检查等上报材料中，应包括自证说明及费用说明。

第十一条　须参加强制自证的主要相关利益获利人因身体健康原因无法进行自证的，可以凭当地三级甲等医院出具的相关证明予以豁免，但上述情况须在第十条规定的网站进行公示。

第十二条　日用消费品生产者每年度至少须将上一年度广告费用的10%，主要相关利益获利人每年度至少须将上一年度从日用消费品生产者所得款项的5%，作为自证费用。

第三章　监督管理

第十三条　日用消费品监督管理委员会专门建立或鼓励第三方建立自证公示的网站。须参加强制自证的主要相关利益获利人应每月在该机构网站公示自证内容。社会公众可通过该机构网站对自证信息进行评价、比较、监督。

第十四条　日用消费品监督管理委员会必要时可在市场随机购买日用消费品，并现场监督该日用消费品生产者的主要相关利益获利人以该等日用消费品履行亲身体尝的义务，整个监督过程应予以公示。

第十五条　国家鼓励广大消费者，特别是日用消费品生产者的职工通过文字、照片、录像等方式在第十二条规定的网站对主要相关利益获利人的亲身体尝行为进行监督及举报，建立全社会参与的社会监督网络。各级人民政府和有关部门应当对举报人予以保护，对举报有功人员以及在亲身体尝工作中有突出贡献的单位和个人，给予表彰和奖励。

第十六条 县级以上质量监督、工商行政管理、食品药品监督管理部门有权监督日用消费品生产者及主要相关利益获利人亲身体尝义务的履行，并应建立日用消费品生产者及主要相关利益获利人亲身体尝档案，记录日常监督检查结果、违法行为查处等情况，且可以根据亲身体尝档案的记录，对有不良记录的日用消费品生产者及主要相关利益获利人增加监督检查频次。

第十七条 日用消费品生产者在工商企业年度检验时提交的材料应包括上年度主要相关利益获利人的自证说明及相关费用清单。

第十八条 日用消费品每年度广告税收收入的1%及有关部门因日用消费品生产者及主要相关利益获利人违反本法规定收缴的款项，由国务院划拨给日用消费品监督管理委员会，供其建立日用消费品亲身体尝基金，用于本法的推广和执行。

第四章 法律责任

第十九条 违反本法规定，日用消费品生产者未组织或配合主要相关利益获利人履行相关亲身体尝义务的，由有关主管部门按照各自职责分工，责令改正，给予警告；情节严重的，处上年度日用消费品生产者广告费用2倍以上5倍以下罚款。

第二十条 违反本法规定，自证存在欺诈，公诉人可以依照“发布虚假广告”予以起诉，罚款可比照该厂商“连续三个年度”中最高年度广告费用的3到10倍予以惩罚；其他获利人罚款在获利的1到5倍。情节严重的，追究刑事责任。

第二十一条 如社会公众人士依照本法第十三条进行评价、比较、监督时存在恶意诬陷，生产商或相关人可以诬陷罪名起诉，最高刑罚参照恶意诽谤罪。除刑事责任外，可追究民事责任。

第二十二条 如竞争厂商恶意利用本法第十三条所述网络，恶意攻击其他厂商品牌或产品，除适用本法第二十一条外，可以不正当竞争起诉。

第五章 附 则

第二十三条 国务院根据实际需要，可分阶段规定适用本法的日用消费品种类，具体实施细则由国务院听取日用消费品监督委员会意见后另行规定。

[2]《法律的道德性》，[美]富勒著，商务印书馆，2005年。

P24：即使是在“山上宝训”(Sermon on the Mount)这样的神圣教诲中，也反复提到明智的互惠关系。“你们不要论断人，免得你们被论断。因为你们怎样论断人，也必将怎样被论断；你们用什么量器量给人，人也必用什么量器量给你……所以，无论对何事而言，你们愿意人怎样待你们，你们也要怎样待人：因为这就是律法和先知的预示。”

P26—27：从这种广泛的意义上讲，义务这个概念本身就蕴含着某种互惠概念，至少就每一项对社会或另一位负责任的个人负有的义务来说是这样。我们可以想象一种完全不知义务为何物的社会纽带。

P28：我想我们可以辨识出义务概念之最佳功效的三项条件。首先是互惠关系，从这种关系中产生出来的义务必然导源于直接受影响的当事人之间的自愿协议，他们自己“创造了”这种义务。其次，当事人的互惠式履行必须在某种意义上是等值的。第三，社会中的关系必须具备充分的流动性，以至于今天你对我负有某种义务，明天我可能对你承担起同样的义务——换句话说，义务关系在理论上和在实践中都必须是可逆的(reversible)。

P30：哈耶克认为法治本身便依赖于这样一项社会条件：人们今天集合起来就他们的义务进行立法，但却不知道明天自己会成为这些义务的承担者还是受益者。可以理解的是，哈耶克将这样一种社会等同于一个按市场原则来组织的社会，并且预言：在任何放弃市场原则的社会中，法治都会瓦解。

帕舒卡尼斯的理论被称为法律的商品交换理论(Commodity Exchange Theory of Law)，不过把它称为法律和道德义务的商品交换理论(Commodity Exchange Theory of Legal and Moral Duty)似乎更为恰当。

P31：在帕舒卡尼斯看来，这仅仅是一种市场经济的体现，因为，只有通过进入交换关系，我们才能够在令他人服务于我们的目的的同时也使自己服务于他人的目的。实际上，任何一种互惠关系，不论它通过社会形式来运作的方式是多么曲折，都会令人们扮演一种双重角色，一方面作为自己的目的，另一方面又作为实现他人目的的手段。

[3]《自然法与自然权利》，[英]约翰·菲尼斯著，中国政法大学出版社，2005年。

P89：当然，这个条件要求传统的、非哲学的表达就是所谓的黄金规则(Golden Rule)。不仅基督教福音书而且犹太教圣书都阐述了所谓的黄金规则，同时，不仅在辩证公式，而且在神圣历史和《圣经》寓言故事中的道德寓意中也都阐述了所谓的黄金规则。让大卫王(和读过关于他和先知拿单(Nathan)之间冲突故事的每一位读者)去认识预言者拿单所言,富人侵占穷人的母羊与大卫王侵占赫人乌利亚的妻子两者并无二致的理性上的决定性,并不需要刻画道德,也不需要专门的道德教育传统,因而使得大卫王将对富人的指责引申到自己身上所谓的理性必要。"你就是那人"(2 Samuel 12: 7)。"以你想让他人对待你那样对待他人"。设身处地地为你的邻人着想。不要以自己想做的事情去责备别人,也不要(没有特别理由)阻止他人得到你自己也想得到的东西。这些都是理性的要求,忽视它们就等于在各人之间存在恣意。

[4] 孟子主张"推恩",他言:"老吾老,以及人之老;幼吾幼,以及人之幼。天下可运于掌。……故推恩足以保四海,不推恩无以保妻子。古之人所以大过人者,无他焉,善推其所为而已矣。"《孟子·梁惠王上》

类似的思想可参阅休谟的《道德原则研究》,2001 年 1 月,商务印书馆。

P133: 但是为什么人类更大的社会或联盟的情形就不应当与特定的俱乐部和交际圈的情形相同呢?

[5]《道德原则研究》,[英] 休谟著,商务印书馆,2001 年,P113。

[6]《道德原则研究》,[英] 休谟著,商务印书馆,2001 年。译者序言 P6。

[7]《管理使命、责任、实务(使命篇)》,[美] 彼得·德鲁克著,机械工业出版社,2009 年。

P377: 专业人员的首要责任是什么? 早在 2500 年以前就已经在希腊医师希波克拉底的誓言中明确指出了,即"绝不明知其害而为之"。

不论是医生、律师,还是经理人员,没有一个专业人员能够保证他一定能为顾客带来利益。他所能做到的,只是尽力而为。但他能够保证自己知其害而不为。反过来说,顾客必须相信专业人员能够知其害而不为,否则,顾客就根本不信赖专业人员了。专业人员必须有自主权,不能由顾客来控制、监督或命令。他还必须能够独立自主地运用自己的知识和判断来作出决定。但是,他的自主权的基础,事实上是他的自主权存在的依据,即他自己"以公众利益为先"。换句话说,一个专业人员拥有自主权并且不受政治或思想意识上的控制,从这个意义上讲则是公开的。"绝不明知其害而为之",是专业人员伦理的基本准则,是公共责任理论的基本准则。

许多管理人员(特别是企业管理人员)还没有认识到: 为了能够保

持独立自主,他们必须在一些重要领域中承担起专业人员的伦理责任。同时,他们还必须懂得:他们的职责在于仔细检查自己的言行,以保证做到“绝不明知其害而为之”。

[8]《民法基本原则解释》,徐国栋著,中国政法大学出版社,2013年,P76—77。

[9]《民商法论丛》(第2卷),梁慧星主编,法律出版社,2016年。

所谓诚实信用,是市场经济活动中形成的道德规则。它要求人们在市场活动中讲究信用,恪守诺言,诚实不欺,在不损害他人利益和社会利益的前提下追求自己的利益。

P63:诚实信用原则被奉为现代民法的最高指导原则,学者谓之“帝王条款”。诚实信用是市场经济活动的道德原则。

P65:诚实信用原则是未形成的法规,是白纸规定。换言之,是给法官的空白委任状。

[10]《民法基本原则解释》,徐国栋著,中国政法大学出版社,2013年。

P275:希贝尔将道德义务的法律认可理解为现代民事义务的三项最高原则:(1)不损害他人的义务;(2)返还不当得利的义务;(3)帮助邻人的义务。

[11]《私法的基础财产、侵权、合同和不当得利》,[美]詹姆斯·戈德雷著,法律出版社,2007年,P9。

另参P16:交换合同的核心是允许当事人相互交换资源,以使任何一方当事人不以损害他方当事人为条件而得利。侵权行为的核心是损害他方当事人而得利的人应负损害赔偿责任。不当得利法的核心是任何人无正当原因不得以损害他人为条件而得利。

[12]《法律史解释》,[美]罗斯科·庞德著,华夏出版社,2013年,P145。

另参,《西方法哲学史纲(增补本)》,张乃根著,中国政法大学出版社,2008年。

P466:交往正义是纠结或补救公共生活中产生的种种不平等和个人损失的标准。菲尼斯指出,交往正义的概念是在继承和发展亚里士多德的纠正正义和阿奎那的交换正义理论的基础上提出的。在现代侵权行为法、合同法和刑法中贯穿着交往正义的精神。

[13]《消费者保护法》(第二版),李昌麟等编著,法律出版社,2005年,P42。

[14]网络来源:盘点近年来被曝光的食品安全事件:

2005年,海鲜产品体内含有“孔雀石绿”(英国、中国、中国香港);

2006年,苏丹红鸭蛋又惹祸端(北京);

2008年,三鹿"三聚氰胺奶粉"事件引发公众对于奶制品的质疑(中国);

2010年,"地沟油"事件引发社会震荡(中国);

2011年,"瘦肉精"事件致使公众对肉制品需求的减少(中国);

2011年,台湾公布300多家品牌旗下900多种塑化剂超标的食品名单;

2013年,鸭舌制品含甜蜜素波及奶茶行业(中国等地);

2013年,硫磺熏制"毒生姜"推高生姜价格(中国)。

[15]《立法的伦理分析》,刘爱龙著,法律出版社,2008年,P104。

P87:美国法学家博登海默指出:"历史表明,凡是在人类建立了政治或者社会组织单位的地方,他们都曾力图防止出现不可控制的混乱现象,也曾试图确立某种适于生存的秩序形式。"

[16]在本书,消费者一般限定于"自然人"。参《消费者保护法研究》,张严方著,法律出版社,2003年,P113。

P113:在《EC指令》中,作出了"所谓消费者,是指在本指令作为对象的合同中,为自己的营业、事业或者专门职业以外的目的而实施行为的所有的自然人"的规定,将"消费者"限定于"自然人"。但是,从其规定最小限度的规则这一性质来看可以认为是受到限制的概念,可以说,EC指令中对"自然人"的限定并不是必然的。

美国《布莱克法律词典》认为:"消费者区别于制造商、批发商和零售商,是指那些购买、使用、持有、维护以及处理产品或服务的个人。"

英国《牛津法律大辞典》认为,消费者是指那些购买、取得和使用各类物品和服务(包括住房)的个人。

[17]见星野英一"私法中的人",《为权利而斗争》,梁慧星主编,中国法制出版社,2016年,P371、P369。

P368:(四)"弱"而"愚"的人——对应人的苦难和烦恼的进展

1. 这种在现代法中被特别对待的"具体的人"的特长与近代法中的"人格"相较而言,如前所述,是"弱"的人,特别是贫穷的人。毋庸讳言,此处强者是作为抑制的对象来对待的,其目的的是为了保护弱者,故而可以说:法律的中心转移到弱者。即那些在大企业面前是经济、社会力量弱小、仅靠个人的能力最终不能与之对抗而达到自己愿望的人。

P369:第二,在现代法前提之下的人,并不仅仅限于在与大企业的关系上无可奈何地处于弱小地位的人，而且还有如果稍微冷静地考虑一下就不会做，却被对方的花言巧语所蒙骗而进行交易的人，还有难于拒绝他人但又后悔的那种易受人支配的感情用事、轻率行事的意志上弱的人。一言以蔽之，他们是“愚的人”。

另参《揭开身份的面纱——私法上的身份和身份权利研究》，尚继征著，法律出版社，2014 年。

P111：在现代资本主义社会中，消费者沦为被剥削、被压榨之弱者，按照日本经济法学者止田彬先生的见解，有下述原因：其一，消费者经济力微弱。在交易市场上，消费者以各自独立的姿态从事购买，与作为生产者、经销者的大企业之强大经济力形成强弱悬殊的对比，造成双方交易能力不平衡。其二，消费者欠缺商品知识。与厂商的商品知识差距很大，加之科技突飞猛进，致消费者对于商品已近乎无知，不得不完全依赖于厂商。其三，基于人性之弱点。消费者之经济活动异于厂商，其购买商品不具营利性，依其个人兴趣、爱好、虚荣心及侥幸心理选购商品，以满足个人欲望，因而不具有经济上的合理性，此最易为厂商所利用。其四，由于消费者缺乏组织，在各个交易中，不能借团体力量与厂商之组织体相对抗，以致沦为经济上的从属者，任由厂商剥削。作为买方的自然人在交易及交易纠纷的解决中处于明显的弱势。主要表现为：第一，信息上的弱势。就交易标的而言，自然人买方与卖方之间的信息存在严重的不对称。买方处于信息上的劣势，其利益常常受到交易对方的侵损。第二，经济实力上的相对弱势。这一方面会影响自然人买方对交易信息的获取，另一方面，在合同的签订、履行以及纠纷的解决等问题上，卖方比自然人买方更有可能得到优质的法律专业服务。这些差异导致了卖方与自然人买方之间的地位差异，从而形成了后来称之为消费者群体的自然人买方群体。

另可参《消费者保护法研究》，张严方著，法律出版社，2003 年。

P84：“消费者的弱势地位与经营者的强势地位比较”。

《消费者保护法》（第二版），李昌麟等编著，法律出版社，2005 年，P6—11：“商品经济中消费者的弱者地位”，“现代社会消费者问题的恶化”。

[18]《产品责任法》，[美] 戴维・G.欧文著，中国政法大学出版社，2012 年。

P2：产品责任法的混合渊源

产品责任法是一个混合物。它是侵权法中过失、严格责任以及买卖合同法中欺诈(主要是担保,warranty)的混合物。它还是普通法和成文法的结合体,前者主要指侵权这一方面,后者主要指合同这一方面——主要是《统一商法典》(Uniform Commercial Code,简称 UCC)之下的买卖法。

[19]《产品责任法》,[美] 戴维·G.欧文著,中国政法大学出版社,2012 年。

P66:货物买卖中对质量基本的默示担保,现在称为适销性默示担保,产生于近 2000 年前的罗马法后期。经过很长时间的停滞发展后,这一担保在盎格鲁—美国普通法中发展了几个世纪,案例最先涉及缺陷食品,后来(19 世纪)成为对根深蒂固的买者须自当心原则的否定。复兴的卖者须自当心原则要求卖方为出售的货物中任何潜在缺陷导致的伤害负责,理论依据是公平的交易暗示了产品交易中恰当质量的基本保证——产品应该符合它出售时的一般描述。合理质量成为公平价格的交换物。用艾伦博格勋爵(Lord Ellenborough)的话讲:“买方不被期待购买了货物,将之放在粪堆上。”

因此,适销性默示担保是一项保证,是法律强加给卖方的,产品应达到它被购买和出售的一般使用目的。作为《统一商法典》第 2 条的核心担保,适销性默示担保成为产品责任诉讼的关键性责任理论。

[20] 缺陷包括制造上的缺陷、设计上的缺陷、指示上的缺陷以及科学上尚不能发现的缺陷。讨论可见《消费者保护法研究》,张严方著,法律出版社,2003 年,P46。

[21]《罗马私法中的过错要素》,[德] 鲁道夫·冯·耶林著,中国法制出版社,2009 年。

P99:罗马法学家的出发点就是这个观念:已经获得或者想要获得利益的人,应当自己尽到注意义务。

《产品责任法》,[美] 戴维·G.欧文著,中国政法大学出版社,2012 年。

P34:生产商有义务尽合理注意,以避免出售导致伤害的不合理风险之产品。这一义务被局限于合理注意,而非绝对注意;只保护被置于风险的可合理预见的人,并非所有人;只避免可合理预见的风险,并非所有风险。总之,过失义务是一种合理性,而非完美性。

[22]《产品责任法》,[美] 戴维·G.欧文著,中国政法大学出版社,2012 年。

P102:消费者期望。

让生产商对消费者负侵权之严格责任的另一重要原理是,保护消费者对他们购买的产品之安全的合理期待。生产商利用大众推销,通过展示他们产品的安全性获得了这些期待。

[23]《产品责任法》,[美] 戴维·G.欧文著,中国政法大学出版社,2012 年。

P196:过度警告——“警告污染”

穿过警告实质性和程序上的完美构想,是现实世界的重要局限性——“警告污染”。如上文所述,警告要充分,即应该针对所有可预见使用的所有特定危险提供准确信息,这一信息应该以一种能够引起他们注意且帮助他们理解风险的真正本质和程度的方式,被完美地传递给使用者。背景假设是,只要警告是有用的,就多多益善;因为警告的成本几乎等于零,警告应该是极度全面和圆满。当然,这忽视了在时间和麻烦上消费者所花费的实际成本,他们必须阅读、考虑并依据很多每天面对的冗长警告和指示而行为,这会使消费者在很多情况下简单地忽视所有的信息。

[24]《产品责任法》,[美] 戴维·G.欧文著,中国政法大学出版社,2012 年。

P219:生产商是否应该为发生在今天的、他没有避免的产品导致的伤害负责任,而在产品被设计和出售时伤害是不可预见和不可避免的(在理论上或实践中),这是关乎逻辑、正义、社会政策以及法律原则的棘手且重要的问题。工艺水平抗辩争点穿透了缺陷和“严格”责任概念的核心,迫使我们重新考虑产品责任法的目标。

随着产品责任法的发展,“不能被发现的”、“未被知悉的”、“不可避免的”以及“工艺水平”经常被法院和评论人无区别地互换使用,来免除生产商和其他销售者不能控制的一定类型的风险。然而,该种类型的争点越来越多地以后面的词组即“工艺水平证据”和“工艺水平抗辩”来称谓。法院和立法机关对该术语的定义都不一致。

[25] 知情权是消费者的重要权利之一。参《消费者保护法研究》,张严方著,法律出版社,2003 年。

P288:世界上最早明确提出消费者权利的国家是美国。1962 年 3 月 15 日,美国总统肯尼迪在向国会提出的《消费者权利法案》中,主张消费者有四项权利:(1) 获得商品的安全保障的权利;(2) 获得正确的商品信息资料的权利;(3) 对商品有自由选择的权利;(4) 有提出消费意见的权利。这四项权利提出以后,逐步为各国所广泛接受并在实践中加以发展。3 月 15 日也因而被确定为“国际消费者权益保护日”。在“肯尼迪四权论”的基础上,1969 年,美国总统尼克松提出了求偿的权利,这样,就弥补了前项法案的缺憾,从而使消费者权利从各个角度得以表现。这些权利均受法律保护。

P289：1985年4月9日，联合国大会通过的《联合国保护消费者准则》提出要确保消费者下列合理需求获得满足：(1) 保护消费者的健康和安全不受危害；(2) 促进和保护消费者的经济利益；(3) 使消费者取得充足信息，使他们能够按照个人愿望和需要作出掌握情况的选择；(4) 消费者教育；(5) 提供有效的消费者赔偿办法；(6) 有组织消费者及其他有关的团体或组织，而这种组织对于影响到他们的决策过程有表达意见的机会。这实际上就是规定了消费者的权利。

另参《消费者知情权研究》，王宏著，山东人民出版社，2016年。

P13：1993年，中国颁布的《消费者权益保护法》规定消费者八项权利中的知情权是消费者享有知悉其购买、使用的商品或接受的服务的真实情况的权利。消费者有权根据商品或者服务的不同情况，要求经营者提供商品的价格、产地、生产者、用途、性能、规格、等级、主要成分、生产日期、有效期限、检验合格证明、使用方法说明书、售后服务，或者服务的内容、规格、费用等有关情况。

P15：为什么消费者知情权会成为一项重要的法定权利？这在于它对于消费者具有的根本性意义。一言以蔽之，即“信息才能使个人弄懂这个世界，因为他们不能信任任何制度和专家。一个人的未来依赖消费，或者接触更多的更好的信息，因为只有获得信息，个人才能保住其命运。”（K. G. Robertson, Secrecy and Open Governments — Why Governments Want You to Know, London: Macmillan Press Ltd, 1999, P3.）

另参《金融服务者缔约说明义务研究》，王伟著，法律出版社，2015年。

P106：重要事项的含义

何谓重要事项？《欧洲合同法原则》第107条规定，重要事项为“依诚实信用或公平交易对对方应透露的信息”，日本在《消费者合同法》第4条第4款对重要事项作了如下界定：首先，须为契约的内容或交易的条件方面的事项；其次，是否重要，以一般的消费者为标准，一般的消费者在缔约时不重视的事项被排除在外。在金融立法领域，美国证券交易委员会在1934年的《证券交易法》10b-5规则中将“重大性”定义为：“被虚假陈述的事实足以促使理性投资者倾向于认为该事实在其作出投资判断时非常重要”。

[26]《法律的博弈分析》,[美] 道格拉斯·G.拜尔等著,法律出版社,1999年,P81。

[27]《法国商法》,[法] 伊夫.居荣著,法律出版社,2004年,P987。

[28]"谁来负担广告证明的义务?——广告证实制度的法理求证及其对中国广告制度的矫正"(李明伟),《广告传播研究·国际新闻界》,2014年10月。

不愿意负担广告证明的义务,是中国广告监管部门怠于执法的一个重要原因。美国20世纪70年代颁行的广告证实制度则把这种义务分配给了广告商。本文从证明能力、诚实信用原则和信息经济学等角度求证了这一制度背后的法理依据,并认为这是一项比较合理有效的制度安排。

P134:1971年6月,FTC建立"广告证实制度"(Federal Trade Commission,1971)。制度规定,一经FTC要求,广告主就必须向FTC提交测试、研究报告或其他有效的证据来证实广告中有关商品的安全、性能、效果、质量或比较价格等方面的宣传内容。早期,FTC主要通过两种方式来执行这一制度。一种是面向全行业的"巡查"(rounds),要求一个行业内的众多企业就可疑的规格内容作出证实。1977年以后,在"放松管制"(deregulation)的改革大潮中,FTC不再通过巡查来执法,只保留逐案质询的方式——向发布可疑广告内容的具体企业发函要求予以证实——来执行这一制度。

[29]"美国广告代言指引:制度设计与法理启示"(陈会平),《广告传播研究·国际新闻界》,2014年。

P145:广告代言的原则

诚实信用原则。代言必须反映代言人最诚实的意见、发现、信赖或感受,代言不能传递任何明示或暗示的假如,由广告主直接表达式欺骗性的陈述。广告陈述代言人使用某种产品,代言人必须在既定的代言期间确实使用了该产品。代言不必一定由代言人亲自进行精确的表达,但代言应当反映代言人的实质性意见,不得断章取义、添油加醋,也不能歪曲。

可验证原则。代言关于产品或服务的效用必须是可验性的,即广告必须对产品效用拥有可信赖的充分证明。所谓充分的证明,是指恰当的、有证明能力的、可信赖的科学证据(科学证据是指专业人员按照该领域专业知识和普遍接受的程序进行测试、分析、研究等所获得的准确与可信赖的结果)。支持代言所陈述的内容,与广告主自己在同样情况下所作的非代言性质的广告陈述应当提供的证明一样。这实际上要求广告主也必须有证据支持代言人对效用的陈述；如果广告主不能证明这样的陈述，即使所陈述的内容是代言人的真实感受，广告也不能发布，否则，就涉嫌欺诈。

[30] [英] H.L.A.哈特："实证主义与法律和道德的分离"。

[31]《法律帝国》，[美] 德沃金，中国大百科全书出版社，2016 年，P192。

[32]《民商法论丛》第 3 卷，梁慧星主编，法律出版社，2016 年，P198。《契约的死亡》，[美] 格兰特·吉尔莫著，曹士兵，姚建宗，吴巍译，2005 年。

[33] 参《美国实用工具主义法学》，[美] 罗伯特·S.萨默斯著，中国法制出版社，2010 年。

P180：几乎所有的工具主义者都持有某种版本的法律道德"分离"论。它有可能与法律的创设和实施休戚有相关，因而牵涉到前面四章中讲述的全部内容，这取决于对这一问题如何解释。伟大的德国法学家鲁道夫·冯·耶林称此论题为"法律的好望角"，许多"法学航海家"在此都遇到过海难。

P190："法律和道德的对立是法律的一般特性。法律的真实概念涉及一致性、规律性、可预测性等理念。依法司法是指根据法令，以及主要根据法律规则来执行司法活动……具体案件的要求必须服从于法律规范一般性和确定性的要求，以及使用法律规范的统一性和平等性要求。"

Pound, Law and Morals, pp.83 - 84，同样，庞德本人并不同意此观点。

[34]《英美法善意原则研究——解读英美法物权变动中的"优先和最高原则"》，秦伟著，法律出版社，2008 年，P24。

另参此书。

P5：法典中的"善意"至少有三方面的含义：(1) 第 1—102 条第(19)款界定的"事实上诚实"；(2) 第 2—103 条第(1)款(b)项所称的"善意"，是指在涉及商人的情形下，遵守合理的商业准则；(3)"善意"也可指克服某种障碍的适当注意或勤勉。

P16："善意"概念充分满足了各种相关标准：它忠实于它所包含的法律理想；充分体现了法律目的；尽管它并没有被严格的定义，却能够在各种复杂的不可预计的情况下起到社会安全阀的作用；它契合了法治的精神和目的。205 条之"善意"能够：(1) 保证对合意的忠实遵守和实现对方当事人的合理预期，(2) 捍卫社会正义、公平和理性。这构成了“善意”的理性基础，可以在案件(尤其是新型案件)中对法官作出指引，从而实现正义。

本章对“善意”进行了概念上的“功能”解析，“善意”绝对不是一个包含正面内容的概念，相反，它是一个排除器式的概念，它排除了一系列的“恶意”情形。因而，企图对“善意”下定义注定要失败。另外，对“善意”概念所排除的“恶意”进行详细罗列也是不可能的。

如同其他任何理论一样，“善意”由于其抽象性和缺乏明确的判断规则，存在着可能被滥用的道德主义风险。但是实践证明这种危险发生的概率不大。另外，由于“善意”自身的优越性和对社会的增益作用，使得人们就算是冒险也在所不惜。

[35]《你的权利从哪里来?》，[美] 艾伦·德肖维茨著，北京大学出版社，2014年，P31、P32。

[36]《通过法律的社会控制》，[美] 罗斯科·庞德著，商务印书馆，2010年，P78、P79。

[37] 见百度百科“亚当·斯密问题”。19世纪中叶，德国历史学派提出了所谓的“亚当·斯密问题”，他们认为《道德情操论》主要是受了哈奇生的视仁慈为道德基础的观点和休谟的同情观影响，以同情心作为人性的基础。《国富论》则是斯密在法国之行时受到法国重农学派“唯物”哲学的影响，从而使他的理论转向了利己的理论。这场存在于德国历史学派与边际学派之间的激烈争论，就是“亚当·斯密问题”。

[38]《法律史解释》，[美] 罗斯科·庞德著，华夏出版社，2013年，P53。

[39]《责任的落寞——新民主时期的无痛伦理观》，[法] 吉尔·利波维茨基著，中国人民大学出版社，2007年，P280。

[40]《法律史解释》，[美] 罗斯科·庞德著，华夏出版社，2013年，P143。

[41]《法理学——法哲学及其方法》，[美] E·博登海默著，华夏出版社，1987年，P5。

[42]《法理学——法哲学及其方法》，[美] E·博登海默著，华夏出版社，1987年，P377。

[43]《法律的道德性》，[美] 富勒著，商务印书馆，2005年(2012重印)，P23。

第二章　消费者角度的“戳破公司面纱”

芙蓉镇街面不大。十几家铺子和几十户住家紧紧地夹着一条青石板街。铺子和铺子是那样的挤密，以至一家煮狗肉，满街闻香气；以至谁家娃儿跌跤碰脱牙、打了碗，街坊邻里心中都有数；以至娃娃家的私房话，年轻夫妇的打情骂俏，都常常被隔壁邻居听了去，传为一镇的秘闻趣事、笑料谈资。偶尔某户人家弟兄内讧，夫妻斗殴，整条街道便会骚动起来，人们往来奔走，相告相劝，如同一河受惊的鸭群，半天不得平息。

（胡玉音）对这些常到她摊上来的主顾们，她有讲有笑，亲切随和得就像待自己的本家兄弟样的[1]。

2.1　公司人格讨论

有限责任公司的创设，是人类伟大的制度发明之一[2]，在股东有限责任的组织形式下极大地鼓励了投资热情，资本的效率得到前所未有的释放[3]。

有限责任公司制度也是“从身份到契约”的个人主义高歌猛进的有力助推。

但是，公司制度加大了“匿名”社会的扩展，以“集体”遮蔽了个人的道德责任，破坏了包括投资者、管理者在内的主要相关利益获利者的人格整全，有可能造成生产者的道德角色分离，整个社会因资本流动性而有可能丧失道德的个人附着而存在“道德流动与漂浮”的风险。

2.1.1　公司制度溯源

在公司创设原型之初，比如“康孟达”[4]，就有“道德”规避的工具作用，帮助部分富有的贵族和牧师分裂自我人格：既兴高采烈地分享高额的货币收益，又心安理得地遵从教规。

> 关于康孟达产生的直接原因，通常认为，康孟达的合伙形式来源于阿拉伯人商业联营的委托经营制，并与教会禁止放债生利的法令密切相关。在中世纪，无论是伊斯兰教的《古兰经》，还是罗马基督教的《旧约全书》、《新约全书》，都极力反对甚至禁止放债生息，尤其是禁止高利贷。中世纪，欧洲财富的持有者(特别是贵族和牧师)没有合适的投资渠道。而当时的航海借贷因为风险巨大的原因，回报很丰厚，因此，以合伙的方式行借贷之实的康孟达经营方式应运而生。这种制度安排使中世纪欧洲财富的持有者(特别是贵族和牧师)能秘密进入商业活动并获取丰厚利润，而且承担的风险有限。这样看来，有限责任的最初产生是法律规避的产物。

从公司制度建立早期的法理学争议中也可以看到对公司独立人格的质疑：希望看到公司背后的个人人格。早在18世纪，德国的莱比锡法庭曾规定：一个团体全体成员的姓名都必须写在汇票上。该学说的核心在于：用各个自然人的人格代替法人组织的主体资格，不承认法人具有独立的人格[5]。

他们之所以强调个人人格独立在契约、在市场行为中的充分表达，是基于坚持个人人格的完整性维护，不仅追求货币计量的效率，也有社会合作与伦理责任的考虑。

> 受康德思想的影响，法学家们坚持“个人意思说”，奉行“唯个人主体论”的法律观，强调不仅仅只有伦理上自由的、生物学意义上的人，才能够自负责任地形成其法律行为上的意思，并通过意思表示的方式将该意思表达出来。因此，具有而且当然具有尊严之法律人格。不容否认的是，在法律主体与伦理人紧密结合的思想体系中，自然人被赋予法律人格，不仅因为其意思能力的实体性基础，而且还有、甚至更主要是伦理上的考虑。对此，近代奥地利民法典起草人 Zeiller 一言以蔽之：理性的存在，只有在决定自己的目的，并具有自发地予以实现的能力时，才被称为法律人格(Person)[6]。

从身份到契约，或者按韦伯的说法，从兄弟般交往的协议[7]到货币契约，始终还是落在个人对个人的“意思自治”。

> 用以代替的关系就是“契约”。在以前，“人”的一切关系都被概括在“家族”关系中，把这种社会状态作为历史上的一个起点，从这一个起点开始，我们似乎是在不断地向着一种新的社会秩序状态移动，在这种新的社会秩序中，所有这些关系

都是因“个人”的自由合意而产生的[8]。

即使是“虽被迫，但情愿”，反映的还是“追求社会整体地位”为目标的个体的意思。这个个体，除了个人经济利益、个体潜能的发展的考量，还有道德判断，有社会道德地位的追求，有“悔罪”的心理[9]。

而在“个人——公司”的交易中，公司的道德判断不是公司股东们的道德判断的集合，它有时会成为一个去道德化的“保护壳”，极端情况下，集体承担道德责任，变成没有人承担。尤其是分裂了股东或管理者的整体人格。公司也没有“悔罪”的心理。

“所有的法律都是道德意义上的存在，即存在于每个人内在的自由意志当中。人格或者法律主体最原始的概念必须和人的概念完全一致。这两个概念的同一性可以用下列公式来表达：每个个人，并且只有每个个人，才享有权利能力。”[10]

2.1.2 公司人格加大了匿名社会的扩展

市场经济的发展，是一个熟人社会转变为陌生人社会的过程，公司制度在加快这一进程的同时，又使得原来有名有姓的陌生人躲在“公司”的背后。公司人格的存在加剧了匿名。

在传统社会，人们常年生活在封闭的村庄，村民之间彼此非常熟悉，欺骗行为很容易被识别，人们之间的口头交流足以使任何欺骗行为广为人知，每个人的历史都存储在别人的脑海里，对欺骗行为的惩罚即使不能施加于欺骗者本人，也可以通过施加其家庭成员而实现，前面讲的四个条件基本可以得到满足。因此,即使没有法律,村民之间也可以建立起高度的信任,欺骗行为很少发生。

现代社会被称为“匿名社会”(anonymous society),与乡村社会不同,居民的流动性大,交易双方通常并不认识,相互之间也缺少如乡村社会中存在的其他制约关系,使得受害人的惩罚措施受到很大限制;开放的社会也使得人们较不在乎闲言碎语的议论。凡此种种,使得传统的以个人为基础的信誉机制失灵[11]。

在道德责任的长期维护中,公司信誉不可能替代个人信誉。正如法学家爱德华·瑟洛的担忧,“公司既没有躯壳可以接受惩罚,也没有灵魂可以接受诅咒,因而它们可以为所欲为。”[12]而个人,却在乎身边熟悉者和社会舆论指名道姓的“闲言碎语”。

正如德沃金所述,“人格化是深奥的”[13]。公司可以“作为一个道德方面的代理人吗”?到目前为止的公司责任实践,也只能说它是一个不完整的道德方面的代理人。公司在财富效率方面的追求,使得它更多的只是财富的代理人。

企业(及其他组织)另一值得注意的特别因素是,在企业(和其他组织)中内部道德激励的力量会被稀释。首先,在考虑内部道德激励时,我需指出企业并非个人,而是由不同个体组成的集体,所以,对于企业本身,我们无法从内部道德激励的实际意义上进行讨论。不过,企业内部的个体则能因其所作所为而体会高尚感或负罪感。我们认为内部道德激励在企业中不如在企业以外行之有效的原因之一是,企业内部的决策通常由集体共同作出，或受上级命令之影响，或为下级行动所左右，这就削弱了个体对行为的责任感。另一个原因是，企业经常尝试建立其自身的忠诚规范（如IBM等公司的企业守则），而在一般的道德激励与公司目标相冲突时，它可能会抵消道德激励的影响。

其次，外部道德激励和企业员工之间的关系并非显而易见。如上所述，原因之一是企业内部的责任感常被稀释了，因而通常在企业内部没有具体的哪个人能因过错被外人所辨别，并接受惩罚。另一原因是企业有隐瞒内部负责人员身份的激励，使其免于外部的社会制裁[14]。

在道德方面，公司制度更多导致了股东、管理人、广告代言人等主要相关利益获取人的道德角色分离。“匿名的资本主义市场不足以约束从非人格化的着眼于各自私利的关系中产生出来的破坏性力量。”[15]

2.1.3　道德的流动与漂浮

整个社会因资本流动性而有可能丧失道德的个人附着，而存在“道德流动与漂浮”的风险。资本流动性的追求将使道德丧失固定的附着，公司制度带来了“道德的流动”。此外，经理人的频繁流动也会带来“道德的流动”。

《现代股份公司与私有财产》（*The Modern Corporation and Private Property*）一书虽然早在1932年便面世，但直至今日，在研究公司治理的经济文献中仍有不可忽视的参考意

> 义。在此书中，作者介绍了股市流动性的不断增长是如何逐渐导致作为美国经济主要驱动力的上市公司内部权力关系的重构。流动性分散了公司资本，降低了股东干预公司内部事务的能力和意愿：对于一个拥有微不足道份额的股东而言，想要加强自己在管理上的话语权所需付出的努力比其预期收益要高很多。根据伯利(Berle)和米恩斯(Means)的观点，“所有权与控制权的分离”构成了北美200个最大资本化中近一半资本化的特征。这种分离导致权力令人担心地集中在管理者手中，他们就如同“新王子”——在没有抗衡势力的情况下统治着他们的“经济帝国”[16]。

股东在选择流动性的同时放弃了控制权，这就使得公司伦理的附着日益艰难。

2.1.4 跨国公司的制度将回避个人角色的内心冲突

跨国公司中的母子公司制度，将帮助主要利益人，尤其是东道国的主要利益人回避内心的角色冲突。

> 在国外的经营环境中，企业员工、顾客和竞争商代表了各种社会价值，为了适应这种复杂情况，跨国管理人员经常建立类似于变色龙的行为模式。但是，他们的行为并非总是恰当。如果他们打算符合当地的风俗，可能就需要违背企业的道德准则；如果他们在业务过程中严格遵守自己的道德标准，他们同样会违反东道国对道德行为的期望。
>
> 如果个人信仰和角色期望相抵触时，就会产生道德的两

> 难选择问题，这就是角色相对主义（role relativism），其基础是假定某些道德责任是职业角色中所固有的，尽管这些责任可能与个人的道德信仰完全不同。道德体系的二元性可能会引起各种问题，如管理人员需要采取某种行为方式，即使这种行为可能与他们的道德意识产生矛盾。这种很常见的问题在管理著作中称为角色冲突[17]。

除了文化差异，更有产品质量标准的阶梯的问题。“跨国企业应该遵守经营所在国中消费者权益保护方面的法律和法规”[18]，而当经营所在国的标准缺失或低下时，是提供高质量的母公司所在国的标准来进行先进知识的生产和扩散[19]，还是利用产品质量标准的阶梯来获取额外的利润？后者可能牺牲经营国的消费者的安全和健康。具有先进知识的母公司的经营者的内心冲突，却可能因公司制度尤其是母子公司制度的设立而释怀。公司追求利润的目标掩饰了个人的这些内心问题[20]。

跨国公司利用母国与东道国产品质量标准的阶梯，组织不同质量的生产和服务，实质是“监管套利”。其内心则是利用公司的壳来遮掩大股东、主要管理层等利益相关自然人的内心道德冲突，实施“道德套利”。

以 T 车为例，在《亲身体尝法》之下，大股东、主要管理层等利益相关自然人必须要回答下列问题：

1. 是 T 车的日本总部的大股东、主要管理层，还是中国的子公司的大股东、主要管理层等利益相关自然人，来进行亲身体尝？

2. 亲身体尝所开的车辆，是依据日本标准生产的，还是依据中国标准生产的车辆？

在这一过程中,《亲身体尝法》将帮助消费者朴素地识别产品质量标准的阶梯以及跨国公司形象,也应该使大股东、主要管理层等利益相关自然人的内心有所警醒,并在同业的压力下,有可能尽力消除这种质量差别对待,以完成 T 公司统一的产品识别。

2.2 消费者角度的“戳破公司面纱”

2.2.1 《亲身体尝法》将帮助消费者“戳破公司面纱”

什么是“戳破公司面纱”?

公司制度最重要的贡献之一,就是确立了公司的独立法人地位以及公司股东对公司承担有限责任。该原则构成了公司法的基石,它在企业发展过程中是一种巨大的历史进步。但是,公司法确立的公司有限责任不等于其没有责任。公司的独立法人资格和股东的有限责任在市场经济的运作中出现了许多异化现象。在现实的商业活动中,处在公司身后的股东(主要是控制股东,包括母公司)以及同样承担有限责任的公司管理层(包括董事会成员及高级管理人员)在其自身利益的驱动下,有可能利用公司的法人地位进行各种规避法律甚至违法的行为。对公司承担有限责任的上述行为人,有可能以法人的外壳来从事其违反公平公正和正义的原则,乃至违法的行为来为其私利服务。因此,在英、美、法等国家法院的许多案件中,为了追求公平正义,维护社会利益,常常会拒绝承认一个合法成立的公司的独立法人地位,直接探究公司与股东的真实关系。这种不考虑或忽略公司独立存在特征的做法,通常用一个非常生动的比喻来表达,即揭开公司面纱(Piercing the Corporate Veil)[21]。

在我国理论和实务界,一般将"戳破公司面纱"原则称为"滥用公司法人人格"或"公司人格否认"。[22]

公司法人格否认法理的真谛即在于:法人制度者,原为应社会生活的需要,为大众的便利和公共利益而设置;如果法人的设立是为了不法目的,或者设立法人有反社会倾向以及其他为公共利益所不允许的情况,国家自然有权将法人人格剥夺而否认法人的存在[23]。

纵观各国法律与实践,"戳破公司面纱"主要用来保护债权人利益,但在产品责任法,保护消费者方面也有一定运用[24]。

《亲身体尝法》借鉴"戳破公司面纱"概念,通过主要相关利益获取人的亲自尝试产品并对外发布,消除公司制度对于股东、经营者等主要相关利益获利人的匿名保护,从而使得消费者可以对有血有肉之人"指手画脚",通过"闲言碎语"来制约股东、经营者等主要相关利益获利人。

社会不应该容忍这样的市场行为模式:我没有使用,我也不愿意使用的产品,我却将它推销给陌生的消费者,只是为了赚钱。此类的生产和贸易,如采用了公司形式,就是遮蔽了个人人格的整体而逃避道德谴责。这样道德角色的规避,实际是道德角色的分裂。《亲身体尝法》制止这样的行为模式,通过亲身体尝和对外的公开信息披露，使得通过公司遮蔽个人道德分裂的企图遁于无形。

亲身体尝是“极度的不稳定”安全感丧失之后的“约定”，和公司制度的建立一样，是一种人为设计，是公司人格的进一步“进化”。《亲身体尝法》是防止“坏人”（精于私利计算者）利用“公司制度的匿名”来逃避社会责任，防止公司人格遮蔽个人整体人格带来社会道德斜坡。

“法律皆有漏洞”，“现行法体系上存在影响法律功能，且违反立法意图之不完全性。”[25]《亲身体尝法》是公司制度必要而有效的补充，使得精于私利计算者不得不瞻前顾后，投鼠忌器。

2.2.2 《亲身体尝法》与“有限责任条款”

《亲身体尝法》并不扩大股东的以货币为计量的财务的“有限责任”，但剥夺了其道德的匿名权。它只是要求主要相关利益获利人必须承担道德的个人责任。

有限责任条款是公司制度的核心。

> 20世纪50年代以前，有限责任制度被认为是解决企业从事生产活动中所面临的资本短缺和分散问题的重要手段，构建的目的在于保证该唯一目标之实现，意在通过对股东利益最大化的保障，刺激投资人投资的积极性。50年代尤其是80年代以来，随着各国经济的发展，有限责任公司形式由有限责任公司为主流转变为股份有限责任公司占主导地位，尤其是跨国公司在国际舞台上的纵横驰骋，致使公司经营活动对社会造成的负面影响不断显现。有限责任制度刺激股东投资已不是唯一目的，转而为包括公司股东在内的各种主体的利益提供保护，须保护主体的范围也呈扩大态势[26]。

然而，由于公司股东和经营者利用公司形式遮蔽，来伤害债权人和消费者，公司股东的“有限责任”条款日益受到挑战，甚至有美国学者提出要废除“有限责任”[27]。

“团体人格被认可的标志是：团体控制资源和事件、置利益于资源和事件之中以及借助控制采取行动以实现自身利益。即存在着一组独立的权利和义务以及一组资源和利益，既不能将其分配给单个的自然人，也不能在一批人之间进行分配。”[28]当然，如果进入清算阶段，公司资产可以对股东实施分割；公司负债可以按股东“有限责任”承担。但公司行为产生的伦理道德，无论在公司存续或还是在清算中，都无法进行分割，也无法分别承担。甚至，因为公司的存在，而丧失了道德承载的个人主体。

正因为公司制度的存在，分裂了股东、管理者的整体人格，因此，我们会在有些公司的“行为指导原则”中呼唤这种整全的人格：在与陌生人进行生产、交换的市场中，保持和在家庭、在熟悉的社区有相同的道德人格。而《亲身体尝法》是这些零星的披露原则的延续，它要求更坚决、更公开、更及时。

> 披露原则。这些年来，这一原则变得很流行，并且在许多公司的道德原则里都可以找到。在IBM公司的“企业行为指导原则”中是这样写的：“扪心自问：如果你的同事、朋友甚至家庭成员向你投以审视的目光，你是否仍然对你的既定决策感到满意？如果的确如此，你的决策可能是正确的。”
>
> 当面对道德方面进退两难的处境时，管理者这样自问：如果向广大公众解释自己的决策，会感到满意吗？有时报刊读者和电视观众通过信息披露对企业进行了解，这条道德原

> 则的一位提倡者，UNOCAL的主席和首席执行官理查德·J.斯蒂格米说："我们建议我们的雇员用一个简短的测试来区别正确和错误。这个测试是这样的：
>
> 当你估计一个商业行为的正确和错误时，问你自己两个问题。
>
> 你向你的家庭成员描述这种行为的详细细节时你会害羞吗？
>
> 你在当地报纸的第一页读到它时你会尴尬吗？"
>
> 这条规则显示了基本的动机，像贪婪和妒忌，如果披露后是不被接受的，但这条规则并不总能为道德困境提供清楚的指导。在这个困境之中，往往有多个备选方案，而各个方案都可以有较为充足的理由成为中选方案。同时，一个听起来可以接受的行为，从反应来看，可能不总是最合乎道德的[29]。

为了效率，节省交易费用，鼓励投资者为商业冒险活动提供风险资本而不需要担心一旦投资活动失败可能危及投资者的其他个人财产，我们可以接受以货币为计量的股东"有限责任"[30]。但是出于人的社会存在"整体性"，有限责任不能外推出豁免股东的伦理责任，包括但不限于荣誉、面子、信用积分——自己的名誉[31]。股东的"有限责任条款"不是帝王条款[32]，应该止步于财产。

"我们可以尽可能地把法人概念确定为：它是一个财产能力的技术主体。"在私法当中法人独有的本质就是财产能力的身份。[33]

有限责任下，一方面是有限的投资风险、无限的投资回报的诱惑，另一方面是公司帮助个人匿名、无须承担道德责任，这样，股东和管理层仅关心投资收益，资本效率至上。股东和管理层防范控制风险的财务动机有限而道德约束丧失，将使众多的社会公众大大暴露在公司侵权风险之中。

《亲身体尝法》将股东、管理层等主要受益人暴露在“光天化日”之下，他们亲身体尝自己的产品，将增加个别试图侵权者的个人成本，包括身体和伦理成本。

没有亲身体尝，在公司的掩护下，

> 在匿名的社会关系中伪装者的成本及风险很小。但在匿名的社会关系中同样缺乏声誉机制的基础，因为人们在此关系中基本没有机会发现当前或潜在的关联行为伙伴的品格。既无可能在同他人的关系中对其行为进行观察，也没有“结识”他并了解他的行为方式的机会。因此，在匿名的社会关系的框架内，缺乏必要的对个体的性格进行揣摩的前提[34]。

实施《亲身体尝法》之后，

> 伪装者处于某种尴尬的境地，因为一方面他应尽可能地不放弃任何机会，如果他要从伪装中获益的话；另一方面，为了降低被戳穿的危险，他又必须小心不致过快受到诱惑的吸引。
>
> 当他被观察时，他必须为了伪装的目的展示符合伪装了的美德的行为。
>
> 对虚拟的人品事实的任何掩饰和伪装都会带来情感的负担、智力的集中及神经紧张的后果。
>
> 据此，“伪装及不严肃的生活”不仅是“遮遮掩掩的随时可

> 能被戳穿的生活”，而且也是即便伪装成功也会对人类不可替代的对真实性的追求带来根本损害的生活[35]。

《亲身体尝法》将使大家不戴公司的面具，站在镜子面前。“镜子才能再次为我们反射出一个同现实吻合的图像。只有以真实方式按其真实品格行事并展示其真实性格特征和感受的正直诚实人士，才能从他人的反应中受益。虚伪者和伪装者没有能力做到这一点。在此方面他们是生活的乞丐。”[36]

《亲身体尝法》下要求的生产者自然人不是一个单面的道德人，也不是一个古典经济学中的经济人，他接近于一个社会人[37]。

> 我们面临一种非逻辑性。人既是一个彻底的自利动物，也是一个彻底的社会动物，因为人在首先考虑自身利益的同时将同伙的利益置于其利益之前。这么一个动物具有精神分裂特征，而且除了在极端情况下，他会在不一致的行为中不断变换——这次自私自利下次自我牺牲。人，在最根本的意义上说，是非理性的，而且没有任何数量的推理，无论其多么复杂，会产生一个彻底和一致的人类行为、习惯或制度的解释[38]。

《亲身体尝法》将股东、管理层等主要受益人放到了前台，去除公司面纱，如此，我们才可能在契约关系的承诺之外，发现或者发现较多的“一系列非承诺性交换规划者”，包括“习俗、身份、习惯和其他为人所内化的东西，等级结构中的命令，以及由包括市场在内的任何现实状况的动力所创造的期待。”[39]交换张力[40]，也将因为

《亲身体尝法》而最终落在自然人身上，因此更具紧张性，进而形成更普遍、更有效的约束。

《亲身体尝法》将作为社会戒律，一种催化剂，而使自利这个“环氧树脂”发挥聚合的作用[41]。亲身体尝更将唤起个体的“实践理智性”，去追求“内在的和睦”，“在选择、判断和实行中和谐。”[42]

亲身体尝及发布也具有及时性，可以补充一般侵权的滞后[43]。侵权行为与侵权结果之间一般相隔时间较长，由于信息的不对称，消费者往往难以发现产品缺陷，认定损害赔偿责任。即使问题暴露明显，司法程序的时间也较长，维权困难。时间与利益实现难以匹配。亲身体尝是“预防”的引导，而不是落后的惩罚。亲身体尝是不良给付、产品瑕疵的重要预防。

《亲身体尝法》体现了风险分配在时间维度上的公平。生产者拥有较多的专业知识，他们较普通公众更能防范风险。

“当一项活动带来对人类健康或环境危害威胁时，应当采取预防措施，即使某些因果关系未得到科学证明。此种情况下，证明的义务应当由活动的支持者而不是公众承担。”[44]换言之，应当由活动或产品的主要受益人和支持者来承担，并首先承担。

疯牛病就是一个很好的案例。《新英格兰医学》上的一篇文献做了不同国家的调查，结果表明，潜伏期在法国平均 8 年，英国 12 年，美国 18 年[45]。

2.3　亲身体尝是企业社会责任中的核心

道德和企业不相干的时代没落了，如今，大企业都在设法确立一个崇高的目标以便赋予自己以神圣使命，而不仅局限于利润，它给自己添加了一个能够赋予经济活动以某种意义的“伦理导航仪”[46]。

亲身体尝是企业社会责任[47]中的核心。在相关利益团体模型(the stakeholder model)[48]中，企业处于一系列多边关系的中心。亲身体尝使得股东、管理者以及主要相关利益获利人，与一级(Primary)相关利益团体中那些对于公司的生存不可缺少的消费者，以“同理心”密切相连、公平对待。紧紧围绕产品，试图给消费者更多的信息，在生产者和消费者平等的消费地位中给予消费者更多的安全保障。

对于企业社会责任的争论，也是对《亲身体尝法》的质疑。“很少有其他倾向能够像企业管理者接受社会责任而非奉守为股东赚取尽可能多的钱那样，严重地动摇我们的自由社会的根基”；企业社会责任乃“极具颠覆性的学说”(a fundamentally subversive doctrine)[49]。倘若没有个人道德约束因素渗入企业管理，缺乏外部的制约，一任少数人利用公司制度中股东财务上的有限责任与道德匿名的设置，无限放大经营风险，那么，受损失的不仅是公司的债权人，更多的可能是产品的侵权受害人，可能是环境受到污染后的整体社会。“在规训弱化、社会责任丧失、经济关系脱落了人格化特征、经济权利增大到了能够蔑视各种控制的社会中，现代人的个人和社会的道德堕落到了比以往文明的水平都要低下的水平上。”[50]

如此，“财富最大化也许是实现各种道德目的的最直接的路径”[51]注定也会泡汤。简言之，过于强调公司效率，过于强调市场看不见的手，都是忽略了斯密问题[52]的两面性，夸大了功利主义下货币计量方法的唯一性，是经济学和伦理学分离后方法论的偏差[53]。亲身体尝将是企业管理的重点工作之一。“要维持一个自主的管理当局，一个为其机构服务的同时也在为社会和社区服务的管理当局，就必须把所遵循的道德原则融入组织的宗旨和特征之中，融入机构本身的性质之中。”[54]

亲身体尝不是一个简单的礼物，更不是类似“漂绿”和“粉饰橱窗”的行为[55]。它直捣黄龙，是管理的日常行为。

2.4　主要相关利益获取人的责任

2.4.1　亲身体尝与“良家父”

法的命令是：“成为一个人，并尊敬他人为人。”[56]

《亲身体尝法》要求产品的主要相关利益人通过体尝自己的产品之后再将产品投入流通，以同理心尊重消费者，以亲身消费来背书产品质量安全。法律只是将产品的主要相关利益人视为“合理人”[57]，亲身体尝是一个“良家父”应尽的合理注意义务。《亲身体尝法》要求产品的主要相关利益人不能罔顾产品瑕疵和潜在风险，自己不使用，却将消费者视为纯粹的“埋单者”。《亲身体尝法》要求产品的主要相关利益人人格一致，要求其在生产和销售中的人格与其在日常生活中所追求的道德目标一致，人格不分裂；尊敬身边熟悉的人，也尊敬陌生的邻人。

随着科技水平的发展与提高，现代工商业迅速发展，商品

> 的复杂性、危险性也相应增加，而消费者自身无法对商品的危险性作调查，除了单方面地信赖制造商外，其他不具有任何确保安全的手段[58]。

参考产品质量侵权责任研究，掌握较充分信息的产品的主要相关利益获取人应该是亲身体尝的主要实践者。虽然他们的亲身体尝并不发声，却是“信誓旦旦”的瑕疵担保，并且具有事先性，而不是危险暴露之后的事后补偿。

公司亲身体尝的内部流程、架构和对外发布，应该成为公司治理[59]的重要组成部分，并对外发布。受益的不仅是广大消费者，也包括公司的中小投资者。后者可以看到公司主要股东和管理层对于产品的信心，并通过消费者对该公司亲身体尝的反应与互动，进一步分析该产品的市场前景。

2.4.2 产品的主要相关利益人

公司董事会是公司的大脑，董事亲身体尝[60]是运用其朴素的判断和经验来履行其注意义务。

“如果我们让来自另外星球的客人仅仅通过观察个人的行为而不是按照法律和经济学教科书来猜一猜谁是公司的所有者，毫无疑问，他会把公司的高级管理人员当作公司的所有者。”[61]公司的经理人员责无旁贷地应该承担《亲身体尝法》在企业的实施，并率先示范。

作为企业产品研发或者社会评鉴的专家，正因为其具有异于一般人的专门知识，并较其他人对该产品进行了深入的研究，他更应该有信心亲身体尝自己的产品，以此来履行专家应有的高度注意义务与忠实义务[62]。

为什么代言的名人也要亲身体尝呢？一方面是参照《食品安全法》和《广告法》中的“连带责任”[63]，另一方面也是制止虚假广告。广告不是电影等艺术作品，是以事实为基础的“广而告之”。一个演员或一个名人，在现实生活中不消费某产品，却在广告中利用其影响力向公众推销该产品，这样的行为同样是没有对消费者尽到朴素的注意义务和可行的忠实义务，是“欺骗”。

2.5 《亲身体尝法》的命令性

耶林说，背后没有强力的法治，是一个词语矛盾——“不发光的灯，不燃烧的火”。法律包含强力[64]。

亲身体尝不只是一个商业策略和行为，而是基于法律强制性基础的“社会工程”。除了规范、机构和程序，《亲身体尝法》的法律资源还应该包括补救、制裁和实施措施[65]。

《亲身体尝法》必须是强制性的。“不能转化为国家强制力的行为在功能上都是无用的。”[66]必要的“强制实施”包括：

(1) 必须自证或委托他证“亲身体尝”，并发布(发布的费用不低于广告费用的一定比例)；

(2) 必须诚实发布，否则，将进入个人“负面声誉”记录；

(3) 需引入合同，并注明违约责任。

《亲身体尝法》应该制定惩罚性条款[67]。亲身体尝的负面声誉积累将是个人的，而不仅仅是公司的。

《亲身体尝法》也应该制定教育和奖励条款。“个别规则的效力可能主要依赖于教育效果、奖励或其他激励、法律形式的象征性部署、宣传、持续的监督、公共信号、身份认可等。但看不出这些实施工具和手段必然涉及强制或使用暴力，不过，借助这些工具和手段所实施的法律规则通常能收到很好的效果。”[68]

其中，鼓励行业建立亲身体尝的标准，但必须是最低纲领，不得建立最高限制。

注：

[1]《芙蓉镇》，古华著，人民文学出版社，2013年，P2、P5。

[2]《公司法基础》(第二版)，[美]罗伯塔.罗曼诺编著，北京大学出版社，2013年。

P93：教育家、总统顾问和1931年诺贝尔奖得者Nicholas Murray Butler曾言，“有限责任形态的公司是当代最伟大的发明”，“即便是蒸汽机和电力的发明，都无法与其媲美。”Butler的这番话表明，虽然公司的以下四个特征使其与个人独资企业和合伙企业迥然相异——投资者有限责任、股份自由转让、永久存续、集中管理——但有限责任是最为关键的特征。

[3]《公司法人格否认制度理论与实践》，朱慈蕴著，人民法院出版社，2009年。

P18：作为现代公司制度的基石，股东有限责任制度意义重大。对此，Fischel和Easterbrook曾在他们的文章中列举了有限责任制度的如下优势：(1)有限责任降低了商业实体和股东管理他们代理人的需要和成本，这让被动投资成为一种更为理智的投资策略，减少了运行实体的花销。(2)有限责任降低了对其他股东监督管理、观察他们是否能够承受实体计划或者正在承担的风险的需要。(3)有限责任促进了股份的自由转让，这对经理层的有效运转起到了促进作用，因为一旦经理层的工作没有效率，他们就会受到市场的惩罚(被新股东解聘)。(4)有限责任使得股份成为反映实体可以向公众公开的信息的相似商品。(5)有限责任让个人资产更加有效地多样化。在无限责任制度下，比较理智的方法就是尽量地减少个人持有的股份，因为持有的任何股份都有可能最终导致个人的破产。资产多样化是人们所希望的结果，因为这是一种比较安全的投资策略，同时也将使更多的投资者将资金投入到市场中，而有限责任能够使投资者有效地平衡他们所承担的风险。(6) 有限责任能够避免经理层成为风险投资经营的反对者。

有关“公司法人人格制度的经济价值目标”也可以参阅《公司法人格否认法理研究》，朱慈蕴著，法律出版社，1998 年 11 月，P56。

[4]《论有限责任的扩张》，袁碧华著，法律出版社，2009 年，P77—78。

关于“康孟达”产生的直接原因，通常认为，“康孟达”的合伙形式，来源于阿拉伯人商业联营的委托经营制，并与教会禁止放债生利的法令密切相关。在中世纪，无论是伊斯兰教的《古兰经》，还是罗马基督教的《旧约全书》、《新约全书》，都极力反对甚至禁止放债生息，尤其是禁止高利贷。中世纪欧洲财富的持有者，特别是贵族和牧师没有合适的投资渠道。而当时的航海借贷因为风险巨大的原因，回报很丰厚，因此，以合伙的方式行借贷之实的“康孟达”经营方式应运而生。这种制度安排使中世纪欧洲财富的持有者，特别是贵族和牧师，能秘密进入商业活动获取丰厚利润，而且承担的风险有限。这样看来，有限责任的最初产生是法律规避的产物。笔者认为，上述分析只看到了“康孟达”产生背景的表面现象，法律规避往往与制度创新连在一起(最为显著的就是信托制度的产生)，法律规避说明现有制度有漏洞或不合理，同时也说明社会产生了新的需求。“康孟达”产生的根本原因是商业发展对资金的需求。一部分人擅长经营，却没有资金或资金不富裕；一部分人不擅长经营或不能经营(如中世纪的贵族和牧师们)，却富有资金，这是社会的客观存在。商业的发展呼唤二者的结合，“康孟达”不过是这种要求的反映罢了。因此，笔者不赞成学者的如下论断：“有限责任早期的商业运用，不过是债权人为了保护自己，规避法律的债权地位而主动选择的结果，所谓投资者有限责任保护，徒具虚名而已，有限责任乃债权人为保护自身权益而首先选择的砝码！”

[5]《德国公司法》第 21 版，[德] 格茨・怀克、克里斯蒂娜・温德比西勒著，法律出版社，2010 年。

P1：公司法是为实现一定的共同目的而由法律行为设立的私法上的人的联合体法。

P30：关于法人的本质，存在针锋相对的理论，主要在 19 世纪被激烈讨论。尤其是萨维尼的拟制说与奥托・冯・吉尔克的真实团体人格说针锋相对。对于现实的法律应用，鉴于法律和法院判决已对各法律形式作了具体的设计构建，从中只能得出很少的东西。从法律比较上看，拟制说思想占统治地位，因为模仿自然人而构建的法人(legal person，personne morale)需要法律规范承认其为法律主体。从历史上看，法律人格首先依赖于国家的赋予(特许)。

另参《公司自治论》，蔡立东著，北京大学出版社，2006 年。

P196：(1) 公司人格否认与法人否认说

如前所述，法人否认说在理论上泛指在认识法人本质的问题上不承认法人之存在，将法人还原为财产或多数个人之集合的各种学说。此种学说以实证的态度否认法人的存在，认为任何社会组织都只是各个个人的集合，从来没有法人之说，所谓法人仅属臆想而已，一切社会组织的事务都应看作是全体个人的事务，而执行此项事务的人，应看作是全体个人的代表，并非法人。例如，早在 18 世纪，德国莱比锡法庭曾规定：一个团体全体成员的姓名都必须写在汇票上。该学说的核心在于：用各个自然人的人格代替法人组织的主体资格，不承认法人具有独立的人格。

而公司人格否认的倡导者必然同时主张公司具有独立人格，这是公司人格否认制度得以发生的前提。只有坚持公司人格独立，才有在特定法律关系中，基于特定事由，否定公司人格的必要。没有公司人格独立，也就不会产生公司人格否认。可见，在公司是否具有独立人格的问题上，公司人格否认与法人否认说采取了迥然不同的立场。但是，两者的理论视角是相同的，都是以实证的角度思考有关公司的问题，使得它们的相互支持成为可能。法人否认说揭示了法人背后所体现的利益关系，为法律准确调整与公司相关的利益关系储备了丰富的理论资源，为公司人格否认奠定了思想基础。

[6]《公司自治论》，蔡立东著，北京大学出版社，2006 年，P49。

[7] 兄弟般交往的协议，见《论经济与社会中的法律》，[德] 马克斯 · 韦伯著，中国大百科全书出版社，1998 年。

P106：在罗马城市发展方面，这种现金买卖形式要求的是对于各种私人法律交易而言最普遍的作用，不论这些交易是否涉及家庭法或继承法。兄弟般交往的协议以及其他身份契约的形式都以个人的总体社会地位为目标。并且，将他的整个人格与某个团体结合在一起。这种包括各种具体权利和义务的契约形式以及由此产生的特殊姿态性质，与货币契约相对应。货币契约作为特定的、受数量限制的、抽象的和一般在经济上受条件限制的协议，代表着一种典型的“强制性契约”。作为一种不涉及道德问题的“强制性契约”，货币契约是消除交易中神授因素以及法律世俗化的手段。

P110：货币加入经济生活起了极重要的作用。罗马市民法，即罗马法中的原始契约形式，债务契约和抵押的债务契约，均为货币契约。

除了物物交易，作为审理的基础，赔偿协议是构成有强制力的契约的步骤。这种具有强制力的契约是敌我之间，而不是兄弟间的契约，要求的是精确的表示，特别是从可证明的角度看。

P159：对他们而言，法律保障着其财产，因而他们可在市场的竞争中体现其权力。在这种拘束力中，“虽被迫，但情愿”这一表述意味着特殊的力量来源于小心翼翼地避免使用权威的形式。

P161：市场的非人格化是一个事实问题，是一个商品指向问题。在市场被允许沿着自身趋势发展时，其参与者不是盯着你我，而是只关心商品。这里没有什么兄弟之间或复仇的义务，也不存在任何来自内在的个人共同体的人际关系。这种关系只会阻碍市场的自由发展，反过来，这种特殊的利益又会削弱这种阻碍力量的内在基础。市场行为受利益的合理与有目的的追求的影响。交易各方都希望遵循合理的合法性行事，而且要顾虑已作出的许诺。这些构成了市场伦理的内容。恪守诺言是市场伦理的重要方面。在这方面，市场包括一些苛刻的概念。违反协定在股票交易所里也是闻所未闻的，尽管这种协定只是记号，根本没有记录。这种绝对的非人格化与人类关系的初步形式完全不同。松巴特已经多次揭示了这一点。

“自由”市场(即不受伦理规范制约的市场)是各种利益碰撞、各种垄断地位的表现以及讨价还价的场所，因而与各种家庭伦理格格不入。与所有根源于某种兄弟般或者血缘关系的尺度为前提的共同体截然相反，市场本质上与任何兄弟关系无关。

[8]《古代法》，[英]梅因著，商务印书馆，1981年，P100—111。

另参P16：这个由19世纪放任主义(laissez-faire)安放在“契约自由”这神圣语句的神龛的个人绝对自决，到了今日已经有了很多的改变；现在，个人在社会中的地位，远较著作“古代法”的时候更广泛地受到特别团体(尤其是职业团体)的支配，而他的进入这些团体并非都出于他自己的自由选择。(喀莱顿·垦卜·亚伦，1931年)

P110：所有进步社会的运动在有一点上是一致的。在运动发展的过程中，其特点是家族依附的逐步消灭以及代之而起的个人义务的增长。"个人"不断地代替了"家族"，成为民事法律所考虑的单位。

P112：所有进步社会的运动，到此处为止，是一个"从身份到契约"的运动。

[9] 参阅《法律经济分析的基础理论》，[美] 斯蒂文·沙维尔著，中国人民大学出版社，2013年。

P527：定义的延续：与道德观念相关的心理特征。

我们所称的与道德观念相关的心理特征之一是一种道德高尚(virtue)的感觉，源于当我们在遵守某一道德观时体验到的独特愉悦感；与之相对的心理特征是负罪感(guilt)或者懊悔，源于当我们在违背道德观念时所遭受的不快。

P456：对于所意识到的处罚程度的情形则与上述内容不同。如果人们对于处罚的程度没有确切的了解，尚没有全面系统的论据使人信服，受到过惩处就会提升其对未来处罚程度的估计。如果某人低估了处罚程度并且获悉处罚会更严厉，那将来对他的威慑就更大；但是如果他高估了处罚程度并且获悉处罚会更轻，那将来对他的威慑就更少。除非对实际处罚低估了的人多于高估了的，否则，就没有理由使人信服，人们受到过惩处并因此获悉了真实的处罚，就会在将来受到更大的威慑。

最后提出一个可能产生个别威慑的原因。除了能提高当事人对制裁程度与可能性的认识之外，受罚的经历还会催生犯罪愧疚感，使其觉悟到没有负责任地行事，并就此启发当事人不再重蹈覆辙。

[10] 转引自《主体性的缺失与重构》，周清林著，法律出版社，2009年，P86。

[11]《信息、信任与法律》，张维迎著，三联书店，2006年，P42。

又参考以下内容：

P15：信誉发挥作用的条件是：

第一，交易必须是重复的、长期的交易关系。一次交易不可能产生信誉。

第二，当事人要有足够的耐心。没有耐心的人不可能有长期行为，所以，你是没法信任他的。

第三，信息传输的速度要足够的快，也就是说，不合作的行为能够被很快地发现。如果不守信的行为不能被及时发现并广为人知，当事

人就不会有建立信誉的积极性(Kandori,1992)

第四,受害的一方有积极性和可能性对不讲信用的企业、个人实施惩罚。

P303:有效的交易设施和信息传递系统。在传统的乡村社会里,人们之间的信任机制可能还是通过闲言碎语(Merry,1984)起作用。但在现代社会(被称为“匿名社会”),很多交往是在陌生人之间进行,传统社会里起作用的信誉机制这时难以发挥;甚至在熟人之间,有关个人的许多信息仍不为别人所知。要弥补这种更为严重的信息不对称带来的信任危机,需要靠便利的交易设施、发达的信息传递技术以及发达的中介组织。

[12]《管理大师那些让世界变得更好或更糟的管理大师与管理思想》,[美]阿德里安·伍尔德里奇著,中信出版社,2013 年,P8。

[13]《法律帝国》,[美]德沃金,中国大百科全书出版社,2016 年。

P154:人格化是深奥的:它体现在认真把公司作为一个道德方面的代理人,但这仍然是人格化而不是一种发现。

[14]《法律经济分析的基础理论》,[美]斯蒂文·沙维尔著,中国人民大学出版社,2013 年,P547。

另参阅:

P550:企业的存在更支持我们在目前讨论的这一行为领域中以法律来补充道德。如前所述,内部和外部道德制裁的力量在企业行为中被冲淡了。因其规模和在现代经济体系中的重要性,企业本来就能制造出巨大的损害,它们在促进生产与交易的同时,可能会由于不端行为而引发许多物质上和经济上的损害。因而,如果社会试图仅以道德制裁来约束企业行为的话,那么,结果可能是重大损害。但是法律规则可以往好的方向纠正企业,或直接通过法令,或通过经济制裁的威慑力。

P561:或许眼下法律和道德的规范论述与我所表达的看法之间的主要区别在于,现有的论述忽略了道德的心理层面以及道德观的工具性角色。

[15]《道德的市场》,[德]米歇尔·鲍曼著,中国社会科学出版社,2013 年,P38。

[16]《金融危机背景下的上市公司治理——旨在更好地保护公司利益》,[法]韦罗妮克·马尼耶主编,2014 年,P4。

[17]《跨国管理》(第 2 版),[美]David H. Holt, Karen W. Wigginton 著,清

华大学出版社，2004 年，P103、P109。

[18] P113：联合国的跨国企业委员会还建立了一套道德准则。

国际行动准则——综合指导

P114：环境保护

跨国企业应该遵守经营所在国中环境保护方面的法律和法规。

跨国企业应该与东道国政府和国际组织合作，建立起国内和国际的环境保护标准。

跨国企业应该向东道国政府提供本企业产品和生产过程对环境的影响信息报告。

跨国企业与人

消费者权益保护

跨国企业应该遵守经营所在国中消费者权益保护方面的法律和法规。

跨国企业应该通过公布有关资料、正确标记和准确宣传来确保消费者的安全和健康。

[19]《跨国公司的未来》，[英] 彼得 · J.巴克利，马克 · 卡森著，中国金融出版社，2005 年。

P95：当跨国公司在知识的产生和扩散体系中充当关键角色时，以跨国公司为基础进行知识生产和扩散的体系具有的第二个弱点是：作为差别定价的结果，向个体或组织提供知识产权的价格要高于个体或组织愿意支付的价格，即使他们愿意支付的价格要高于边际社会成本。这样就限制了知识的扩散。

P96：未来跨国公司所担当的主要角色将是继续进行知识的生产和扩散。不过，对跨国公司最重要的知识类型正在经历着变迁。未来将会减少对生产新产品和加工所需的特定技能的依赖，更多地依赖使得现有产品和工序更适应于新环境的一般性的技能。

[20]《跨国公司法律问题专论》，余劲松著，法律出版社，2008 年。

P75：在跨国公司的情况下，子公司及其董事与母公司之间的关系往往出现十分复杂的情况。子公司的董事往往大都是由母公司任命或指派的，他们与母公司有着各种联系，而且子公司又受母公司的控制，按母公司的全球战略进行活动。有的国家，例如联邦德国，为了保证母公司对子公司的控制权，在母公司与子公司董事间签订的契约中规定，子公司的董事不仅要服从子公司所在国的法律及公司章程，而且要服从德国母公司的商业规则和指示，也就是说，子公司的董事要为两个主人服务。

[21]《揭开公司面纱法律原则与典型案例选评》，沈四宝等编著，对外经济贸易大学出版社，2005年，P3。

另参：

P7—8：公司独立人格和有限责任是构建现代公司的两大基石，两者的结合使得现代公司的投资者实现了在尽可能减少风险的前提下追逐利润的愿望，刺激了人们对公司形式的普遍化认同。曾有西方学者称股东享有有限责任的公司是人类历史上比蒸汽机和电力更有意义的发明。但是，公司形式的出现和普遍适用并未根除市场和交易的风险，交易的一方因为法律的人为规定而逃避的风险，可能是被恶意地转移给了另一方。所以，从有限责任被法律认可之时起，对有限责任的限制性规定也在公司法的体系中不断发展。其中，揭开公司面纱（或译为“刺破公司面纱”。英国的常用表述法为：Lifting the Corporate Veil，美国的表述法为：Piercing the Corporate Veil，以下简称揭开原则）是在英美国家的司法实践中发展起来的判例规则，法院为了实现公平正义的目的，在具体案例中漠视（Disregard）或忽视（Ignore）公司的法人人格，责令股东或公司的内部人员对公司债权人直接承担责任。从早期的英美案例可见，此一规则的创立，意在遏制滥用公司独立法人和有限责任的优势损害债权人利益的情形，防止私利阻碍公共利益的实现，纠正错误（Mistakes），制止欺诈（Fraud），打击犯罪。

P8—9：（一）揭开公司面纱名称的多样性

揭开原则最早出现在英国还是美国，至今仍有不同的认识。但是，普遍的看法是它发端于英美国家的案例，由法官在司法实践中创制并不断丰富。该原则并没有在成文法中有统一的名称，案例中的描述性说法非常多。除了前面提及的英美国家案例和学术界的常见用法外，还有诸如：Lifting the Corporation's Mask，Disregard of the Corporate Entity，Disregard of Corporateness，Disregard of Corporate Fiction，等等，不一而足。这些名称用在具体的案例和论证场合，也体现出法官或学者对该原则的诠释呈现多样化特点。比如，英国公司法专家R·E·G.佩林斯认为，该原则是法院为了弄清隐藏在法律背后的经济现实，而将公司人格独立原则丢弃一边。另一位英国公司法专家高尔（Gowel）宣称，在否认公司人格的场合，法律或者绕开公司的独立面而找到其股东，或者忽略集团公司成员的独立面，而直接要求股东对公司债务或行为承担个人责任。

该原则为德国、法国、日本和其他大陆法系国家接受后，基于不同国家对于这一原则的学理支持和操作途径理解不同，所以，在名称上也呈现多样化的特点。比如，德国从20世纪20年代在司法实践中开始对揭开原则的理论探索，学界称其为"透视"理论。在法国，揭开原则的理论依据是"独立财产性的滥用或法人格的滥用"。日本的司法实践中称之为"法人格剥夺"，理论上也叫作"公司形骸化"或"法人格否认"。韩国的学理称之为"法人格否认"。

《有限责任制度的法经济学分析》，夏雅丽著，法律出版社，2006年。

P186—187：美国"刺破公司的面纱"是经由判例的确认而发展起来的。法院对股东利用公司人格侵害债权人利益的情形，曾以"形骸化"理论寻求一致的依据，由于理论上的模糊不清，在具体适用中否认人格的公司被五花八门地描绘为甲壳(Shell)、另一个自我(Alter Ego)、披风(Cloak)、外衣(Coat)、器具(Tool)等。据美国学者统计，此类比喻多达35个，美国著名法官卡多佐将其喻为"仍被包裹于比喻的迷雾中"。最早的判例是1809年的Bank of United States v. Deveaux 9 U.S.(5Granch)61.3L.Ed.，但真正的创立还是在1905年的美国诉密尔沃基冷藏运输公司一案。美国山佰恩(Sanborn)大法官在1905年的判例中解释道："就现有的权威判例而言，如果说可以归纳出一般的规则的话，这一条规则就是，公司应当被视为一个法律主体，并且一直到出现充分的相左的理由为止。但是，当法律主体的提供被用于侵害公共利益，将违法行为正当化、保护欺诈或者袒护犯罪时，法律则将公司视为数个自然人的联合组织。"

P187—188：日本的大隅健一郎博士1950年开始介绍公司人格否认制度，并主张将其导入日本法，故而，日本深受美国法和德国法影响，称该制度为"法人人格否认"或"法人人格否定"。大隅健一郎认为："无论是在理念上还是在现实上，股份公司都是股东利益、公司债权人利益、社会公共利益等各种利益的错综物，不仅这些利益本身屡有矛盾对立，而且各利益内部也还包含了利益抗争的可能性……在这样的矛盾对立中努力寻求真实的形式，乃是股份公司立法的任务。""法人制度者，原为因社会生活的需要、为大众的便利和社会公共利益的处置。如果法人的设立是为了不法目的或者设立法人有反社会倾向或其他为公众利益所不允许的情况，国家自然将法人人格剥夺而否认法人的存在。”

《论有限责任的扩张》，袁碧华著，法律出版社，2009 年。

P112—113：德国法在近几十年来也注意到有限责任制在这方面的弊端，而开始确立“直索责任”以弥补有限责任制的不足，例如，德国联邦法院在 BGHZ10，205，222，6380 等判决中指出，虽不应轻易地置法人的独立人格于不顾，但如果生活实际现象及事实均有排除法人权利主体独立性之必要时，应不考虑法人的独立人格。所谓直索责任，按台湾学者黄立的解释，“直索 Durehgriff 指法人在法律上之独立性排除，假设其独立人格并不存在之情形，法律政策上采纳直索理论乃是为了排除法人作为独立权利主体之不良后果”。

可参《公司法人格否认法理研究》，朱慈蕴著，法律出版社，1998 年，P122。

[22] 在法律规范的意义上，最高人民法院 2003 年发布的《关于审理公司纠纷案件若干问题的规定(一)》(征求意见稿)首次提出了这一原则，该征求意见稿第四十八条规定：“人民法院应当严格遵守公司法规定的公司独立人格和股东有限责任的原则，仅在具体法律关系中存在本规定所列的滥用公司人格的特定事由时，判令控制股东对公司债权人直接承担民事责任。”虽然该司法解释的征求意见稿最终未能落地，但随后 2005 年修订的《公司法》在法律层面将揭开原则确立下来，《公司法》第二十条第三款规定：“公司股东滥用公司法人独立地位和股东有限责任，逃避债务，严重损害公司债权人利益的，应当对公司债务承担连带责任。”总的来说，在普通法下创设的揭开原则因为与个案紧密联系，而在基本继受大陆法系成文法传统的我国，对揭开原则的规定仍属抽象，具体个案的应用规则也缺乏类型化的研究。

[23] [日] 大隅健一郎著：《法人人格否认的法理》，载于《会社法的诸问题》(增补版)，有信堂，1958 年，P1—2，转引自《公司法人格否认法理研究》，朱慈蕴著，法律出版社，1998 年，P6。

[24]《产品责任法》，[美] 戴维·G.欧文著，中国政法大学出版社，2012 年。

P24：母公司。母公司通常不为它们的子公司生产的缺陷产品导致的伤害负责任，但法院会依据代理、表见代理、表见生产商、协同侵权行为以及更重要的“他我”(alter ego)原则，揭开母公司的“面纱”。

P315：母公司的“公司面纱”在有限的特定情况下会被揭开，使它为子公司的缺陷产品导致的伤害负责任。该种责任主要的衍生基础是“他我”责任，以以下观念为基础：母公司可能如此支配它的子公司，以至于使它们本质上成为一个独立的经济实体。“当一个公司被如此控制以至于成为股东的他我或仅仅是工具，应该为了正义的利益忽视公司形式。”

[25]《民法解释学》，梁慧星著，中国政法大学出版社，1995年，P251。

[26]《有限责任制度的法经济学分析》，夏雅丽著，法律出版社，2006年，P3。

P2：现代企业制度的核心离不开公司，而公司中的“帝王规则”则是有限责任制度。

另参《公司法人格否认制度理论与实践》，朱慈蕴著，人民法院出版社，2009年，P18。

[27]《有限责任制度的法经济学分析》，夏雅丽著，法律出版社，2006年。

P4：第一章

在美国，历时一个世纪之久的公司股东的有限责任正在受到冲击，原因在于它使公司将从事高风险活动产生的不良后果转嫁给他人，包括贷款人和消费者。1980年，美国国会颁布了《综合环境反应、补偿和责任法》(*Comprehensive Environmental Response, Compensation and Liability Act*)。这一法案赋予一系列“责任方”“严格的责任”，令其负担清除环境中的有害废物的成本。法院里关于“刺破公司有限责任的面纱”的案例不断增多，也意味着股东应该负更多的责任。1991年，两位著名的公司法教授，耶鲁大学的亨利·汉斯曼(Henry Hansmann)和哈佛大学的莱尼尔·克拉克曼(ReinierKraakman)提出一次性废除公司有限责任，重新采纳公司“无限责任”的建议。

参《公司法基础》(第二版)，“公司侵权中的股东无限责任”，[美]罗伯塔·罗曼诺编著，北京大学出版社，2013年，P104。

另参考“多国企业的整体责任”的讨论，《跨国公司法律问题专论》余劲松著，法律出版社，2008年。

P105：所谓“多国企业责任”的理论，是把跨国公司(或多国企业)看作一个单一实体，并认为依多国企业结构这一因素就足以让母公司对其子公司的非契约性债务承担责任，由该实体中任一组成部分造成的损害均可归咎于该实体整体。

[28]《公司自治论》，蔡立东著，北京大学出版社，2006年。

P13：著名法学家波洛克和梅特兰在讨论了公司实体的多样性以

后，指出了公司的基本特征。他们认为，公司问题的核心在于，针对某些目的，人们把一些由个人组成的群体视为一个单位，它所拥有的权利和义务不同于其成员。如果视这一组织为一总体，其中每一成员为局部，则必须正确地认识到：总体并非必须等于局部之和，局部总和也无须与总体一致。例如，公司可以拥有土地，但这土地不能归公司的股票持有者共有；另一方面，如果公司的股票持有者共同拥有某些物品，公司对之并无所有权。这种意义上的公司就是英国的 company。美国一般以 corporation 指称已经取得法律人格的团体，company 则指没有法人资格的团体。美国著名社会学家科尔曼教授认为，自社会实证角度言之，团体人格被认可的标志是：团体控制资源和事件、置利益于资源和事件之中以及借助控制采取行动以实现自身利益。即存在着一组独立的权利和义务以及一组资源和利益，既不能将其分配给单个的自然人，也不能在一批人之间进行分配。

转引自[美] 詹姆斯·S.科尔曼：《社会理论的基础》，社会科学文献出版社 1999 年，P627。

[29]《企业、政府与社会》(第 8 版)，[美] 乔治·斯蒂纳约翰·斯蒂纳著，华夏出版社，2015 年 4 月，P253。

[30] 有一种理论认为，有限责任公司最为重要的特点是，它使得股份可以自由转让。而亲身体尝并不破坏这一“股份自由转让”。

参《公司法基础》(第二版)，[美] 罗伯塔·罗曼诺编著，北京大学出版社，2013 年。

P101：公司的法律特征：有限责任

关于公司普遍采用有限责任的绝大多数解释，都以厌恶风险为理由。虽然我们也认为，厌恶风险会促成小型的封闭公司的有限责任，但我们仍然认为，对于大型的公众公司而言，它们普遍适用有限责任，厌恶风险既不构成有限责任存在的充分条件，也不构成必要条件。更好的解释是，有限责任可以降低信息成本和交易成本。

有限责任最为重要的特点是，它使得股份可以自由转让。如果要求以公司资产之外的个人(公司之外的)财务来承担责任，则在实施这一规则时，势必会伤害股份的可转让性。

[31] 名誉可参以下的理解。《人格权法》，[日] 五十岚清著，北京大学出版社，2009 年。

P17：旧时的大审院(1947 年前的最高法院，译者注)在判决中表明："名誉是指每个人因其自身的品性、德行、名声、信用等，所应该得到的世人的相应评价。"

[32]《大师学述：富勒》，[美] 罗伯特·萨默斯著，法律出版社，2010 年。

P2：他还提出一个如今十分著名的观点：并不存在一个一般性的"帝王标准"(master test)，以至于法官能够以该标准断定一项既定的规则是否属于某个法律体系中有效的规则。

[33] 转引自《主体性的缺失与重构》，周清林著，法律出版社，2009 年，P202。

[34]《道德的市场》，[德] 米歇尔·鲍曼著，中国社会科学出版社，2013 年，P417。

[35]《道德的市场》，[德] 米歇尔·鲍曼著，中国社会科学出版社，2013 年，P390、P391、P392、P393。

[36]《道德的市场》，[德] 米歇尔·鲍曼著，中国社会科学出版社，2013 年，P397。

[37]《关系契约理论导论》，孙良国著，科学出版社，2008 年。

P22：人的利己与利他

经济人假设将自利作为制度设计的出发点。经济人从来没有利他的动机，而社会人克服了经济人的如上缺陷。Macneil 将人视为"自利动物和社会动物"。

[38] Ian R. Macneil, Values in Contract: Internal and External, 78 Northwestern University Law Review (1983), p.348.转引自《关系契约理论导论》，孙良国著，科学出版社，2008 年，P22。

[39]《新社会契约论》，[美] 麦克尼尔著，中国政法大学出版社，2004 年，P8。

另参 P8：所有这些理由都说明，承诺不可避免的只是契约关系的片断，甚至只是交易的片断，不管这个交易是多么个别性的交易。

[40]《新社会契约论》，[美] 麦克尼尔著，中国政法大学出版社，2004 年。

P39：如果在这种交易中他果真是一个不惜一切代价追求个人利益之最大增值的人，他很可能不是一个生意人，而是一个窃贼或一个彻头彻尾的骗子。这些冲突所造成的紧张是普遍的、重要的，我们可以称之为"交换张力"。

假若我们所有的只是这种内在的交换张力，那么我们怎样言说角色保全的规范呢？这种张力能成为符合规范行为的完美的基础。

[41]《新社会契约论》，[美] 麦克尼尔著，中国政法大学出版社，2004 年，P89。

[42]《菲尼斯新自然法理论研究——自然法上“善”的追寻》,吴一裕著,法律出版社,2009年。

P93:实践理智性(practical reasonableness)

它包含自由和理性、内心的统一性和外在的真实,然而,它们可以连成一个整体,菲尼斯把这个整体称作“实践理智性”,并且指出:“实践理智性的根本性任务是自我建构或自制,性情的内在统一性和行为的外在真实性是实践理智性基本的善的方面。”

P94:1987年,在与格里塞斯、波耶尔合著的《实践原则、道德真理与终极目的》一文中,菲尼斯对以上七种基本的善作了进一步的修订。

(5)内在的和睦。人们的感情可能互相冲突,且可能与自己的判断和选择相冲突,那么,需要用和谐来化解此种内在的纷争;(6)在选择、判断和实行中和谐。一个人的选择可能与他的判断相冲突、他的行为可能没有表达内在的自我,因此,需要心安理得以及在一个人的自我和他的表达上的一致。

[43]公司法人格否认构成要件之一也为“后果要件”。

[44]1998年环保主义者会议《温斯布雷德宣言》,转引自《恐惧的规则》,[美]凯斯 R.桑斯坦著,北京大学出版社,2011年。

[45]关于疯牛病的潜伏期,有各类研究。参考如下,

1. 世界卫生组织认为疯牛病在牛的体内的潜伏期为4—8年:

BSE is a transmissible, neuro-degenerative fatal brain disease of cattle. The disease has a long incubation period of 4—5 years and it is fatal for cattle within weeks to months of its onset. The nature of the BSE agent is still being debated.

http://www.who.int/zoonoses/diseases/bse/en/

2. 比较权威的新《英格兰医学》上的一篇文献做了不同国家的调查,结果为平均8年(法国),12年(英国),18年(美国):more than 100 cases of Creutzfeldt - Jakob disease worldwide have been related to growth hormone and gonadotropic hormones. The largest number has been in France, where the disease has developed in about 2.5 percent of recipients, with a mean incubation period of eight years. In the United Kingdom about 1 percent of recipients have been affected, with a mean incubation period of 12 years. In the United States the disease has developed in 0.2 percent of recipients (16 patients), with a mean

incubation period of 18 years.

www.nejm.org/doi/full/10.1056/NEJM199812313392707

3. 加州大学旧金山分校的研究员认为是几年到几十年：

Whereas the time frame for CJD is considerably longer. We think that it often takes years or even decades after exposure to the infectious forms before someone with CJD develops signs and symptoms of the disease.

http://memory.ucsf.edu/cjd/overview/symptoms

4. 美国神经障碍研究所认为很长，可能50年：

It is difficult to kill, it does not appear to contain any genetic information in the form of nucleic acids (DNA or RNA), and it usually has a long incubation period before symptoms appear. In some cases, the incubation period may be as long as 50 years. The leading scientific theory at this time maintains that CJD and the other TSEs are caused by a type of protein called a prion.

http://www.ninds.nih.gov/disorders/cjd/detail_cjd.htm

5. 美国大型科普网站：医药新闻文章认为最长可能有60年：

As the CJD incubation period may be over 60 years

www.medicalnewstoday.com/articles/45851.php

[46]《责任的落寞——新民主时期的无痛伦理观》，[法]吉尔·利波维茨基著，中国人民大学出版社，2007年，P283。

[47]《公司·商人·经济人》，赵万一著，法律出版社，2013年。

伦理责任抑或法律责任

——对公司社会责任制度的重新审视

P393：公司社会责任的缘起及其沿革

“公司社会责任”一词起源于美国。1924年，美国学者谢尔顿(Oliver Shelton)首次提出公司社会责任的说法，但是他的观点在当时并没有引起足够重视。大约在1927—1932年之间，发生于美国学者多德(Dodd)与伯利(Berle)之间的论战，引发了对公司社会责任的广泛关注。伯利主要从公司治理的角度出发，立足于对股东利益的保护，认为应当强化董事和高级管理人员的受托责任，加强对股东利益的保护；而多德则认为董事、高级管理人员应当承担更多的社会责任。随后在多德和米恩斯(Means)合著的《现代公司与私有财产》中进一步提出，公司的经营并非主要是为了股东利益，可能还有其他集团和个人（如雇员、消费者等）的利益同样需要给予适当考虑。1929—1933 年美国出现的经济大萧条则进一步促使人们对传统的以股东为中心的公司理论进行反思。针对经济危机给社会带来的深重危害，很多学者提出不能仅仅把营利作为公司追求的唯一目标。以后在 20 世纪 50 年代和 90 年代又分别在世界更大的范围内掀起了两次关于公司社会责任的论战。这几次论战各有侧重，但总体说来基本上都基于以下假设：(1) 企业所存在的问题是由大型公众公司带来的。(2) 社会应当对这些公司进行改革。(3) 让董事、高级管理人员对非股东承担新的义务以使其对更广泛的社会承担责任，而不仅仅是对股东承担责任。从 20 世纪 80 年代初起，美国出现了一场针对公司治理结构的大讨论，美国的部分州也进行了公司治理结构改革的实践，并相继颁布了一些有利于强化公司社会责任的立法。宾夕法尼亚州就首开公司法变革之先河，于 1983 年修正其公司法，提出了新的公司法议案。该议案包括 4 条新的条款：(1) 任何股东，不论拥有多少股票，最多只能享有 20%的投票权。(2) 被收购公司，有权在“恶意收购”计划宣告后的 18 个月内，占有股东出售股票给“恶意收购”者所获的利润。(3) 成功了的“恶意收购”，必须保证 26 周的工人转业费用；在收购计划处于谈判期间，劳动合同不得终止。(4) 赋予被收购公司经理对“利益相关者”负责的权利，而不是只对股东一方负责。该法案还授权公司的董事在考虑公司的最佳利益时，顾及股东之外的其他人的利益，而不仅仅是对股东利益负责。目前，美国已经有 30 个州相继在公司法中加入了公司的社会责任内容。公司利害关系人理论是美国许多学者近年来用以支持公司社会责任理论的主要依据，即不仅股东，而且公司雇员、顾客和广大公众都在公司中有一种利益，公司的经理人员也有义务在公司的经营过程中保护这种利益。

《企业社会责任研究——基于经济学与法学的视野》，卢代富著，法律出版社，2014 年。

P1—2：企业社会责任理论（或利益相关者理论）。在现代社会中，企业不应仅仅作为谋求股东利润最大化的工具，而应视为最大限度顾及和实现包括股东在内的所有利益相关者利益的组织体系或制度安排；企业的权利来源于企业的所有利益相关者的委托，而非只是植根于股东的授予；企业的经营者应对企业的所有利益相关者负责，而不限于仅仅对股东负责。

P37：企业社会责任的提出

1929 年，通用电器公司的一位经理杨(Owen D. Young)在他的一次演说中指出，不仅股东，而且雇员、客户和广大公众在公司中都有一种利益，而公司的经理们有义务保护这些利益。

[48] 参考《企业、政府与社会》(第 8 版)，[美] 乔治·斯蒂纳约翰·斯蒂纳著，华夏出版社，2015 年。

P13—14：相关利益团体模型

在相关利益团体模型(the stakeholder model)中，企业处于一系列多边关系的中心，相关的个人集团则被称为相关利益团体。相关利益团体是那些将受益于或受损于公司运营的人，也就是说，他们的利益与公司的存在相关。对于一个大公司来说，这一相关利益团体的定义包括范围广泛的各方，按照对于公司的重要性可以划分成两大类。一级(Primary)相关利益团体指那些对于公司的生存不可缺少的人。包括公司的所有者、客户、职员、社区以及政府，也可能还包括其他方面，如供应商和债权人等。二级(Secondary)相关利益团体包括与公司的生存关系不大的其他组织和个人，但公司的经营对他们的利益有影响。二级相关利益团体可能包括有关各方，如环境主义者、媒体、学者和批评家、贸易组织，甚至竞争者。图 1-4 显示出一个大公司相关利益团体的可能情况。在涉及相关利益团体的模型中，如何精确定义和识别相关利益团体历来争论不休。有些人运用非常广泛的定义，例如包括下一代、自然体、地球的大气层、海洋、土地以及各种生物，因为公司的活动对这些方面也有影响。

相关利益团体模型重新定义了管理的优先次序，使之根本不同于市场资本主义模型。在市场资本主义模型中，公司是所有者的私人财产。

P132—133：经济发展委员会(CED)在 1971 年发表一个具有划时代意义的声明，大胆地提出企业的职责用“三个同心责任圈”来说明：

• 最里圈，包括明确的有效履行经济职能的基本责任，如产品、就业以及经济增长等基本的责任。

• 中间一圈，包括在执行这种经济职能时对社会价值观和优先权的变化要采取一个积极态度的责任，如尊重环境保护、雇佣以及与雇员之间的关系，以及消费者希望得到更多的信息、公平对待、避免受到伤害等。

• 最外圈，包括新出现的还不明确的责任，也就是企业必须保证越来越多地参与到改善社会环境的活动中来。

P137：管理者们基本上都同意他们主要对五大利益集团负责，这些集团可称为主要的相关利益者：消费者、股东、雇员、政府和社区。

[49]《企业社会责任研究——基于经济学与法学的视野》，卢代富著，法律出版社，2014 年。

P53：弗里德曼认为，传统意义上的企业社会责任观是有失严密的；声称自己负有社会责任的商人，实则受过去几十年侵蚀自由社会基础的学术思潮左右的“无知的玩偶”(unwitting puppets)。他同时警告道，“很少有其他倾向能够像企业管理者接受社会责任而非奉守为股东赚取尽可能多的钱那样，严重地动摇我们的自由社会的根基”；“企业社会责任”乃“极具颠覆性的学说”(a fundamentally subversive doctrine)。当然，弗里德曼在拒斥传统意义上的企业社会责任时，并未从根本上否认企业社会责任之命题，唯对企业社会责任作了新的诠释。他认为，在自由社会，企业存有一项且仅存一项社会责任，这就是在遵守游戏规则的前提下使用其资源和从事旨在增加利润的各种活动，或者说，无欺诈地参与公开而自由的竞争。

P56：20 世纪 80 年代末，弗里德曼修正了其以前的观点。他提出，只要企业负担社会责任能够给企业带来直接的经济利益，或者企业履行社会责任是缘自股东的指示，则企业利润最大化可以与企业社会责任和谐共存。弗里德曼还进一步确信，在某些场合，企业的社会性行为的确可以使企业获得金钱利益或者取得产生金钱利益的广告效应。

[50] 尼布尔之言，转引自《个人道德与群体政治》，任小鹏著，上海人民出版社，2013 年。

P78：尼布尔对此认为，城市和工业的文明中的“非人格化关系”会挫伤普通人表达人类同情的欲望，而人与人之间的同情感是所有道德行动的基础。现代城市生活的机械性特点还会摧毁道德和文化传统，并且使得新文化传统的诞生迟迟难产。

[51]《法理学问题》，[美] 理查德·波斯纳著，苏力译，中国政法大学出版社，2002 年。

P477：从经济与伦理的关系角度来加以考察，可以看出效率本身就是正义的实现方式之一。赞同财富最大化的最强有力的论点其实并不是道德的论点，而是实用主义的论点。只要看看周围的世界，我们就会看到，一般来说，生活在多少能允许市场自由运作的社会中的人们不仅比生活在其他社会中的人们更为富裕，而且也拥有更多的政治权利，更多的自由和尊严，也更多地得到满足，因此，财富最大化也许是实现各种道德目的的最直接的路径。

对于波斯纳“财富的最大化是否为价值实现手段”的批判性意见，可参见《契约的再生》，[日] 内田贵著，中国法制出版社，2005 年，P67、P72、P78。

[52] 见百度百科“亚当·斯密问题”。19 世纪中叶，德国历史学派提出了所谓的“亚当·斯密问题”，他们认为《道德情操论》主要是受了哈奇生的视仁慈为道德基础的观点和休谟的同情观影响，以同情心作为人性的基础。《国富论》则是斯密在法国之行时受到法国重农学派“唯物”哲学的影响，从而使他的理论转向了利己的理论。这场存在于德国历史学派与边际学派之间的激烈争论，就是“亚当·斯密问题”。

忽略斯密问题的两面性，可经常见诸于学者的论文。试引述一篇如下：

《公司·商人·经济人》，赵万一著，法律出版社，2013 年。

伦理责任抑或法律责任

——对公司社会责任制度的重新审视

P402：作为古典经济学代表的亚当·斯密在其《国富论》和《道德情操论》中阐述的一个核心观点就是“经济人”的假设。按照亚当·斯密的说法，毫无疑问，每个人生来首先和主要关心自己；而且，因为他比任何人都更适合关心自己，所以，他如果这样做的话是恰当和正确的。波斯纳认为，承担额外社会责任的公司将被逐出市场，因为买方垄断不太可能是一种长期的策略，唯一的例外只是，如果这些资源的所有者（他可能是企业的股东）是一些从企业的社会责任中获得效用的利他主义者。由此可见，公司社会责任的提法是建立在人性善的理论预设的前提下的。

P403—404：道德化社会责任概念有违于公司立法的宗旨

对公司规定广泛的社会责任，其实是一种义务伦理学的观点在公司法上的体现，它强调自我舍弃和禁欲主义。这种伦理学的极致会把人改造成驯服的工具，而它又会以一种道德拯救者的面目出现。如果在这种伦理学的指导下构建公司制度，不但有违于效益至上这一公司法的根本立法宗旨，而且会导致以下问题的出现：（1）以义务伦理学为基础构建的公司社会责任会给公司经营背上沉重的道德负担。因为义务伦理学会导致高标准的道德要求,公司必须时时与自己的营利本性要求作斗争,结果会导致公司人格被异化。例如,在社会责任的要求下,会导致对公司难以承受的成本的增加,使公司在最大化盈利和承担社会责任的道德呼声之中左右为难。(2) 以义务伦理学为基础构建的公司社会责任会诱发不正当竞争行为,助长一些公司沽名钓誉、捞取更大的好处。当社会责任的要求与公司的盈利目的相违背时,一些公司往往会一方面强调其他竞争对手在承担社会责任方面的不足,另一方面故意夸大自己在社会责任方面的作用,甚至通过弄虚作假的方式以迎合社会责任这个强势的话语的同时获得更大的利益。(3) 以义务伦理学为基础构建的公司社会责任会缩小公司自由经营的范围。公司社会责任的观念会给公权力以社会责任之名来干涉公司内部管理和对外经营,这会对市场经济秩序产生很大损害。

P405:可见以利他主义为逻辑前提的道德化社会责任制度,必然与人性恶推导出的作为民商法体系基础的个人主义方法论相抵牾。

[53]《伦理学与经济学》,[印度] 阿马蒂亚·森著,商务印书馆,2014 年。

前言:阿马蒂亚·森论证了经济学与伦理学的严重分离,以及这一分离如何铸就了当代经济学的一大缺陷。在经济学的发展历程中,由于人们只看到斯密在其《国富论》中论述资本主义生产关系,重视经济人的谋利心理和行为,强调“自利”,却相对忽略了其在《道德情操论》中所重视的社会人的伦理、心理、法律和道德情操,从而曲解、误读了亚当·斯密学说。

[54]《管理使命、责任、实务(责任篇)》,[美] 彼得·德鲁克著,机械工业出版社,2009 年,P235。

另参考 P236:在一个由各自组织构成的社会里,要有自主的管理群体,即每一个管理群体在自己的领域中都是一个决策者,要求那些管理者(虽然是私营的)同时也要知道自己是属于公众的。从他们不是从属与中央政治权力这一点来讲,他们是私营的。否则,中央政治权力必然会成为无法控制的专制政权。但是,从他们自觉地、有意识地、公开地努力把公众需要转化为自主的自治机构的经营机会这一点来讲,他们又是属于公众的。

P237:它也要求取得超出当前使命之外的、超出技术统治论之外的绩效,即使工作富有效率、使员工有所成就并取得可以改善生活质量的卓越绩效。尤为重要的是,它必须是有关管理者的角色和职能方面的卓越绩效。如果想继续成为(应该继续成为)自主机构的管理者,就必须承认自己是属于公众的,就必须承认组织的道德责任,就必须承认使个人的优点尽可能地发挥积极作用并取得成就的责任。

[55]《管理大师那些让世界变得更好或更糟的管理大师与管理思想》,[美]阿德里安·伍尔德里奇著,中信出版社,2013 年。

P7:企业社会责任是这个世界处处向美德致敬的礼物。

P11:其观点认为企业社会责任只不过是一场骗局,类似“漂绿”和“粉饰橱窗”之类的词汇。

“漂绿”指公司在广告和营销中宣传自己产品的环保特性,但这些特性和宣扬根本经不起消费者的严密审查(也就是有虚假成分)。——编者注

“粉饰橱窗”指基金通过各种方法使其旗下管理的投资组合能有良好表现,从而符合甚至超越投资者对基金的预期。——编者注

[56]《法哲学原理》,[德] 黑格尔著,商务印书馆,2010 年,P46。

另参 P139:良心知道它本身就是思维,知道我的这种思维是唯一对我有拘束力的东西。

[57]《侵权责任法研究》,王利明著,中国人民大学出版社,2016 年。

P345:英美法的“合理人(the reasonable man)”的标准

普通法采取了“合理人(the reasonable man)”的标准。“合理人”的标准也就是“良家父”的标准,即按照一个合理的、谨慎的人的标准来判断行为人的行为是否正当、合理。合理人的标准的特点在于:第一,它具有普遍适用性,也就是说,不考虑每个人的个性,而普遍适用于一切人。第二,它具有确定行为标准的功能,从而引导人们正确的行为。什么是“合理人”?合理人就是指一个谨慎的、勤勉的人。温菲尔德认为,“合理人”是过失侵权行为的核心,这个词可能被用来指一种独立的侵权行为,或描述某种其他疏忽行为的主观状态。他认为合理人“没有阿基里斯(Achilles)的勇气,也没有尤利西斯(Ulysses)的智慧和海格兰斯(Hercules)的力量”,但他在各个方面并不是愚笨的,他并非不吸取和考虑社会的经验教训,若经验表明某种行为乃是对他人的过失,他就会极力避免此种过失。“合理人”并非为一个完美无缺的公民,也不是谨慎的楷模,但是,他是谨慎的、勤勉的、小心的人。温菲尔德强调,若法律需要他在与他人打交道时应有某种程度的技术、能力,他必须具有此种

技术和能力，若法律为指导一般人的行为作出了特殊要求，“合理人”为满足此种要求必须调整自身的行为。所以，在温菲尔德看来，“合理人”实际上并不是一般人，而是一个像“良家父”那样的谨慎、勤勉的人。正是通过“合理人”的标准来指导人们正确的行为，从而发挥侵权责任法的预防和教育等功能。第三，“合理人”标准还具有可操作性。一个抽象的标准是很难在实务中加以运用的，而“合理人”标准的操作非常简便易行。因为它既可以由受害人举证证明行为人的行为不符合一个合理人的标准，法官也可以不经受害人举证，而直接作出行为人的行为是否符合“合理人”的要求的判断。

注释：A.P.赫伯特伯爵将其形象地描述为：“他是一种理想，一种标准，是我们要求优秀公民具备的品德的化身……在构成英国普通法的令人迷惑的博学的审判中，旅行或长途跋涉，不与理性的人相遇是不可能的，理性的人总是替别人着想，谨慎是他的向导，‘安全第一’是他的生活准则。他常常走走看看，在跳跃之前会细心查看一番；他既不会心不在焉，也不会在临近活动门或码头边还在冥想之中；他在支票存根上详细记录每一件事，并且认为是很有必要的；他从不跳上一辆奔驰的公共汽车，也不会在火车开动时从车里走出来；在施舍乞丐前，总要细心打听每个乞丐的底细；抚养小狗时，总要提醒自己别忘了小狗的过去和习性；若不弄清事实真相，他绝不轻易闲言碎语，也不传谣；他从不击球，除非他前面的人确实已将他的球穴区弄得空无一物；在每年辞旧迎新之际，他从不对他的妻子、邻居、佣人、牛或驴子提出过分的要求；做生意时，他只求薄利，且要有像他这样的 12 个人都认为是‘公平’的，而且他对生意伙伴、他们的代理人及货物所持的怀疑和不信任也是在法律认可的程度之内；他从不骂人，从不赌博或发脾气；他信奉中庸之道，即使在鞭打小孩时，他也在默想中庸之道；他像一座纪念碑矗立于我们的法庭上，徒劳地向他的同胞们呼吁，要以他为榜样来安排生活。”［美］罗伯特·考特、托马斯·尤伦：《法和经济学》。

［58］《民商法论丛》(第 2 卷)，梁慧星主编，法律出版社，2016 年。

“论出卖人瑕疵担保责任、积极侵害债权及产品责任之关系”(桂菊平)

P363：出卖人瑕疵担保责任建立在瑕疵担保义务的基础上。瑕疵担保义务是买卖合同的出卖人对其所提出的标的(物)，应担保其权利完整无缺并且有依通常交易观念或当事人的意思，认为应当具有之价值、效用或品质。如果债务人违反或未履行此项担保义务，则应承担民事责任。这种民事责任就是瑕疵担保责任。

P380：产品责任，有的国家称商品制造人责任，有的称制造物责任，但大多数国家都称产品责任。虽然由于各国考察问题的着眼点不同而致责任的命名有如此的差异，但其基本内涵却是一致的：都是指因产品的缺陷所造成的对生命、身体、财产权及其他权利的侵害，应由与产品的生产、流通、销售等系列过程相关的人向消费者或第三者予以赔偿。产品责任是复杂化、技术化的现代大规模生产的工业社会的产物。一方面，随着科技水平的发展与提高，现代工商业迅速发展，商品的复杂性、危险性也相应增加，而消费者自身无法对商品的危险性作调查，除了单方面地信赖制造商外，其他不具有任何确保安全的手段；另一方面，在当今大量生产，大量消费的大众消费社会中，危险的制造（缺陷产品的生产）同被害的发生是截然分开的，而生产商对风险的控制处于较好地位，分摊产品事故费用的能力也较强。

另参《质量侵权责任研究》，谭玲主编，中国检察出版社，2003 年。

P71：欧洲各国的法律也日益认识到，应对产品的质量和安全负责的人是生产者，而非与消费者有合同关系的零售商。虽然侵权法适用于所有的供货商，但更明显的是针对生产者，即那些最有可能因为产品的缺陷而受到指责的人。

[59]《金融危机背景下的上市公司治理——旨在更好地保护公司利益》，[法] 韦罗妮克·马尼耶主编，姜影译，2014 年。

P173：公司治理在整体上指“以限制管理者权力、影响管理者决定，或者说，‘管理’他们的行为并确定他们自由决定权的空间为目的的组织机制”。

[60]《公司法上的利益平衡》，张民安著，北京大学出版社，2003 年。

P314：Neville 指出：“公司董事会是公司的大脑，并且也仅仅是公司的大脑，而公司则是其身体，公司仅能通过他们并且也的确是通过他们来行为的。”Viscount Haldane 也指出：“公司是一种抽象的拟制体。它没有自己的身体，也没有自己的大脑，其活动和指导必须由那些基于某种目的而被称为代理人的人去完成，而此种被称为代理人的人实际上是公司的意思和愿望的指导者（directing mind and will），是公司人格的自我（ego）和中心（centre）。”

P389：董事的注意义务本质上是一种管理性的义务，是公司董事在管理公司活动时应依法运用自己的才能、技能、知识、判断和经验并达到某种标准的义务。董事注意义务不仅存在于契约关系中，而且还存在于侵权关系中。而董事忠实义务则是一种信赖义务，是公司基于董事之品德而委任他们为公司管理公司事务，此种义务主要存在于契约关系中，该种义务要求董事居于纯为公司服务之立场而有所为，不可利用自己的地位而谋求公司利益以外的利益。

[61]《公司法的边界》，徐菁著，对外经济贸易大学出版社，2006 年。

P45：如果我们让来自另外星球的客人仅仅通过观察个人的行为而不是按照法律和经济学教科书来猜一猜谁是公司的所有者，毫无疑问，他会把公司的高级管理人员当作公司的所有者。

约翰·凯、奥伯利·西尔伯斯通：“关于‘利益相关者’的争论——公司的治理结构”，《经济社会体制比较》1996 年第 3 期，P41—47。

[62]《民商法论丛》第 5 卷，梁慧星主编，法律出版社，2016 年。

P503：《论专家的民事责任——其理论架构的建议》，[日] 能见善久著，梁慧星译，1996 年。

P504：专家的特征

所谓专家，有律师、建筑师、医师、公认会计师、土地房屋调查师等各种各样的专家，因此，要概括其特征较为困难。杰克逊和鲍威尔在所著的《Professional Negligence》一书中列举的专家和专门职业有四个特征：其一，工作性质属于高度的专门性(skilled and specialised)，其中心不是体力工作而是精神的、判断的工作(mental rather than manual)；其二，重视高度的职业道德和与顾客的信赖关系；其三，大多要求一定的资格，并由专家集团维持一定的业务水平；其四，具有较高的社会地位。

P507：高度注意义务与忠实义务

迄今的检讨中，根据专家的特征，把握其法的义务的特征，集中到“高度注意义务”和“忠实义务”这两种义务上来。即专家负有异于一般人的专门知识、技能相应的高度注意义务，以及因受到委托人的信任必须进行裁量的判断这一意义上的忠实义务。

[63]《〈食品安全法〉百姓问答》，严军兴主编，海洋出版社，2009 年。

P51：《食品安全法》第五十五条规定：“社会团体或者其他组织、个人在虚假广告中向消费者推荐食品，使消费者的合法权益受到损害的，与食品生产经营者承担连带责任。”这就明确了名人为食品代言广告应当承担法律责任。

法律规定社会团体或者其他组织及个人都可以成为承担法律责任

的主体,这其中当然就包括代言明星们。只要满足下面的几个要件,明星们侵权责任就能成立:

第一,有名人代言了虚假的食品广告的事实。

第二,该广告作了虚假宣传,违反法律的有关规定。

第三,消费者的合法权益受到损害。

最后,名人代言的虚假广告和消费者所受的损害之间存在因果关系。也就是说,消费者因为名人广告而购买食品造成损害。事实上,名人广告具有很大的社会影响力,只要名人为某一食品做代言,就负有就其所代言产品的安全性向消费者保证的责任。因此,只要导致消费者损害的食品是名人代言的食品,名人代言的虚假广告和消费者所受的损失之间就存在因果关系。

[64]《通过法律的社会控制》,[美] 罗斯科·庞德著,商务印书馆,2010年,P19。

[65]《亲身体尝法》的建设可以参照以下清单:《美国实用工具主义法学》,[美] 罗伯特·S.萨默斯著,中国法制出版社,2010年。

P203—204:除了规范、机构和程序,法律资源还包括补救、制裁和其他大量的复杂程度各异的实施措施。下面只罗列出其中的一些:

惩罚及惩罚的威慑

奖励、奖赏和其他激励

法律中象征性的谴责和政府宣传

官方和半官方的持续监督

负面声誉及其威慑

对许可证的准予、拒绝、撤销等

官方的定期检查

税收、税收豁免和抵扣等

附条件的授权

配给手段

便于交易的条件,如关于法定赔偿、度量衡、填补空白的法律条文

所有权被认可的附随形式及其特殊工具(股票、债券等)的公示

有效和无效(及其他形式的无效)

状况的解除或改变,如离婚、破产、债务清偿

公共设施,如通信和交通

政府福利的分配,以金钱或其他形式,如住房

法院和政府机构补救和命令，及其诉讼的威慑

[66]《美国实用工具主义法学》，[美] 罗伯特·S.萨默斯著，中国法制出版社，2010年。

P234：不能转化为国家强制力的行为在功能上都是无用的。

——费利克斯·S.科恩

P235：霍姆斯、格雷、杜威、科恩对强制和暴力的强调最为明显。他们甚至认为，日常的法律运行要想取得成效，应该依赖于国家对强制和暴力的应用能力、应用意愿以及实际应用。庞德认同这种观点，且评论道：“法律的生命在于强制实施。”

[67]《亲身体尝法》可以部分参考《产品责任法》制定惩罚性赔款。

《产品责任法》，戴维·G.欧文著，中国政法大学出版社，2012年。

P362：为了确定惩罚性赔偿在特定案件中是否合适，有必要理解该种裁决的目的。虽然法院通常只提及“惩罚”和“威慑”作为该种赔偿的目的，这经常称述的目的二元化掩盖了惩罚性赔偿特殊功能之细微的变化。虽然各种重叠的功能会以任何种类的方式被构想和细分，确认5种独立的目标还是有帮助的：① 惩罚；② 教育；③ 威慑；④ 补偿；⑤ 法律适用。

[68]《美国实用工具主义法学》，[美] 罗伯特·S.萨默斯著，中国法制出版社，2010年，P236—237。

第三章　法知识的遮蔽与法的衡平生长

回顾"三鹿事件"的始末，在高额的利税和一些说不清楚的利益关系之前，地方政府与企业似乎达成了某种默契。到底三聚氰胺这种化学添加剂是从哪个环节进入奶粉中的，众说不一。

一说是，有人分析三聚氰胺是在奶农饲养奶牛生产原奶的过程中为增加蛋白含量加入的。二说是，根据卫生部、国家质检总局等部门调查认定，石家庄三鹿集团股份有限公司所生产的婴幼儿"问题奶粉"是不法分子（奶站环节）在原奶收购过程中添加了三聚氰胺所致。然而，化学常识告诉我们作为一种化工原料，三聚氰胺是一种塑料粉末，要在液态奶里面掺进不溶于水的三聚氰胺从技术层面上几乎是不可能的。何况，奶粉生产过程中要对液态奶进行喷雾干燥，如果液态奶里面含有不可溶的三聚氰胺成分，就会堵塞喷头，整个生产线就面临瘫痪。第三种说法是，中国奶业协会常务理事王丁棉说三聚氰胺一般是来源于奶粉的包装材料，如铁罐、软包装。此次事件应该要从原料、环境、生产工艺等层层筛查，在一定条件下，如婴儿体重偏小、喝水少等情况下，也会导致磷酸钙的形成，沉积在肾脏。面对毒奶粉事件，行业的偏袒在此表态中不言而喻。弄不清责任环节，农产品质量安全追溯制度在毒奶粉事件中似乎束手无策[1]。

正义在“法的门前”始终未能实现，是正义本身抛弃了乡下人，还是守门人故意造成的恶果？

乡下人一直未能进入法的领域。如果法从未为他们服务，那么法又为谁服务呢？[2]

3.1　法知识的复杂与专业遮蔽

3.1.1　法知识的复杂

法是一种知识[3]，也是人类知识分工的一部分，法的专业化发展，需要“法律专家”[4]。法知识的积累与发展，形成了法知识的行话与体系，表现为法知识的繁芜、专业的复杂与深奥，最终形成法律的壁垒。这一方面是法律专家的知识垄断优势，另一方面也让法律专家为其雇主获得知识垄断优势，在法知识的阶梯上，法律专家和其优质雇主（主要为有钱人、公司和政府机构）比普通民众处在优越的地位。这种垄断优势的不断强化，就构成了法律知识对普通人的遮蔽，法知识的操纵功能被摆在优先于认知功能的位置[5]，构成了现代社会的法律界的“知识分工的奴役”，这是一种“有序的、温和的和文雅的遮蔽、分利与操纵”[6]。

对于消费者而言，法知识的复杂与专业遮蔽部分表现为：

——公司法对于生产者道德角色的匿名保护；

——面对消费者索偿，股东财务上的有限责任；

——各类技术质量专业条例；

——格式合同；

——法语言的复杂；

——诉讼程序的复杂和成本，举证责任。

为了保护消费者，有关部门制定了大量的专业性的质量标准。这些知识有时恰恰成为消费者的劣势，因为他们看不懂。“专业性的东西往往是‘专利性’的、垄断性的，难以大众化、普及化。由这些拥有专业性、技术性知识的行政机构制定的规章制度的专业性强、技术性高，晦涩难懂，不能深入浅出、通俗易懂、大化通行，往往拒人千里之外。”[7]

欧文《产品责任法》中描述，产品责任诉讼中的“缺陷证明”成为“专家的较量”。由此，还产生了专业性专家证人的兴起——“废物科学”的问题[8]。

“要了解设计、生产和标签的各个方面，通常涉及很多复杂的技术性考量，这都要求专业鉴定。机械工程师、化学工程师、材料工程师、化学家、物理化学家、药理学家、流行病学家，以及其他技术专家，通常都很有必要帮助事实审理者理解，产品如何被生产，它被期待如何操作，它是否以及如何发生故障或者导致事故，它应该被别样生产以避免那种事故。因此，由于涉及科学技术的内在知识，因而产品责任诉讼经常归结为‘专家的较量’。”[9]

古典契约模式的崩溃或曰死亡[10]，格式合同难逃其责，这包括公司塞给消费者的格式合同，它们破坏了消费者和生产者的平等谈判可能。

标准化合同的特殊性突破了传统合同法中很多规则的法理基础，这些规则创造了一个利益双方相互谈判的合同环境。

> 此处不讨论现实中是否曾经存在过这一合同环境，也不论及它是不是某个经济派别证实自己的真理性的构建。但可以肯定，在这样的环境中，传统合同法的基本规则——诸如合同订立的镜像规则、特定化规则、口头证据规则、哈德雷诉拜克斯代尔案的损害赔偿规则等——都是正当的，因为它们反映的是交易双方的共同利益。然而，在标准化合同中，“单方决定”取代了谈判，抽象概括性排除了当事人的双赢，因此，合同法的传统规则也就无用武之地了。比如，在传统合同法中，每一方当事人都从自己的一系列条款出发，镜像规则就可以使合同双方意识到他们为合同条款所约束，同时也确信合同条款的内容。相反，如果合同条款是单方订立的，镜像规则也就没有存在的必要了。在商谈的环境下，双方当事人相互博弈、彼此讨价还价，双方利益基本达到一种平衡。但在格式合同中，如果对合同条款不做实质性限制，合同就有可能成为牟取暴利的工具。同样，标准化条款的“不可理解性”——非起草人并不阅读这些条款或者即使阅读也看不懂——绝对违反了口头证据规则赖以存在的基础。现实中，传统合同法，正如在《合同法重述》中所反映的一样，是增加而不是减少了标准化合同被滥用的可能，而这种滥用是由标准化合同的禀性所决定的[11]。

法语言的专业与复杂所造就的“遮蔽”，就连能言善辩的苏格拉底在庭上发言时也必须说明自己是个“门外汉”。[12]而大卫·梅林科夫总结，“法律语言具有以下鲜明特色”：

1）冗余拖沓；

2）晦涩不明；

3）夸张不实；

4）单调乏味。

“以一种不为人知的语言作为保险柜，把行业的秘密锁在保险柜里，还有什么比这更好的方式来保护职业的垄断权呢？”[13]

诉讼成本将导致现有法律对消费者保护措施的不足。

> 诉讼程序的总成本——包括上述各种情况——是极高的，正如法律服务吸收了1%的劳动力和创造了1.3%的国内生产总值这些事实所体现的，诉讼的发起——法律行动之肇始——之成本则难以估量，但是我们不妨做个简单计算。如果一名律师的小时费率为250美元，而且起诉需要占用律师20个小时，在排除原告可能相当大的时间成本后，起诉的成本为5 000美元，这样，哪怕人们有十足的胜算把握，除非他们的损失超过某一可观的阈值，他们将不会发起诉讼[14]。

在法律世界中，“光明之子”和“黑暗之子”（或称“此世之子”）[15]并存。前者或以法知识的认知功能为先，试图弘扬正义；后者则多利用法知识的操纵功能，试图从中牟利。有时，法律学者也在理论建构中把“黑暗之子”称作“坏人”。

> 工具主义的“理性人”假设是：目标选择先于行动的选择，行为与目标一致。霍姆斯说：“如果你想了解法律而不是其他什么东西，你就一定要从一个坏人的角度来看法律，而不能从一个好人的角度来看法律，因为坏人只关心他所关心的

法律知识能使他预见的实质性结果，而好人则总是在比较不明确的良心许可状态中去寻找他行为的理由——不论这种理由是在法律之中还是在法律之外。”这里的“坏人”实际上就是经济人，由经济人假设，守法与违法都是为了利益，为了实现效用最大化。当一个人的违法预期所得超过守法的预期所得时，经济人就会选择违法[16]。

没有宗教与道德的天穹，法律制度只是专业化的丛林。

坏人是一个行为者，但他象征着超脱于制度的立场。他与制度断绝了关系。对于他，不存在所谓忠诚、忠实、正当、合法、正确的解读，以及使之臻于完善的问题。他置身于制度之中，却不属于它。制度就是生活中的严酷现实，因外力而创造、强加、施行或不施行。人们能够驾驭或者戏弄制度，甚至从中获取利益，恰似人们在丛林或者其他外部环境里一样[17]。

3.1.2　民众的“搭便车”与消费者“皇权旁落”

这种法律专业知识的遮蔽，也使得人数众多的“忍气吞声的被遗忘的大集团”愈发难以“集体行动”。消费者中的大多数人采取“理性无知”，即公众意识到公共事务的集体物品性质，以“搭便车”的心理理智地采取漠不关心的态度。法律知识的复杂和法律的专业分工，带来了“隔膜”，尤其是“黑暗之子”的进一步“操纵”，消费者的“法感情”变成无奈，放弃了“为权利而斗争”。

“我要求法律，我有证据在手”[18]。然而，法律部门复杂，诉讼成本高昂，合同难以理解，商品的受害难以变成法语言的证据。“法与国民的法感情之间产生大缝隙”[19]。

消费者曾经被恭维是“皇帝”，但是这个皇帝和历史上的詹姆斯一世一样，在法律知识的专业面前，“皇权旁落”。

> 詹姆斯一世：依朕意，法是以理性为基础的，故尔朕及他人与法官具有同样的理性。
>
> 柯克法官：不错，陛下具备伟大的天赋和渊博的学识。但是陛下并没有研读英格兰领地的各种法规。涉及臣民的生命、继承、所有物或金钱等的诉讼的决定，不是根据自然理性，而是根据有关法的技术理性(artificial reason)和判断。对法的这种认识有赖于在长年的研究和经验中才得以获得的技术。
>
> 詹姆斯一世：如此则国王被置于法律之下，汝等的主张应当以叛逆罪论处！
>
> 柯克法官：布莱克斯通有句至理名言：“国王贵居万众之上，却应该受制于上帝和法律。”[20]

消费者这个“皇帝”也因为没有法律知识，而有可能被剥夺权利。“公众甚至可能会被导向这么一种误信，即所有问题都很困难，且所有困难问题都是技术性的；因此，只有技术人员真正有资格解决它们。”[21]

> 只要我们换一下角度，从普通人的角度来看待法律，我们就会发现，上述那些法律的态度只有那些被假定为“深思而敏

锐的市民”或有智慧的理性人才会看得到，而对大多数的普通人来说则很陌生，他们时常感觉法律就是天气那样变化无常，只感觉到法律是没有助益的而且冷漠无情，它异在于人之外，人们只能去完全被动地适应它。在这种情形下，人们很难有对法律的参与意识。富勒引证了费佛(George Feifer)对前苏联的研究，指出苏联(或所有国家)都存在一种情况，即有相当一部分人由于各种原因对法律没有一种参与感，他们并不把热爱法律当作一种积极的善，在那里，人们不把法律看作宝贵的成就，不看作人的智识与理性的精华，或是权利与尊严的保护者。以苏联的高层权力意志决定论的法律制度为例，富勒作了一次反面的分析，并说明必须培育人们参与治理的意识，让人们意识到法律其实深嵌于人们自己的现实生活之中，否则，对法律的冷漠态度会无处不在[22]。

法知识遮蔽的后果，便是消费者的“无知”和冷漠，如黑格尔所描述：

人民就是不知道自己需要什么的那一部分人。知道别人需要什么，尤其是知道自在自为的意志(即理性)需要什么，则是深刻的认识和判断的结果，这恰巧不是人民的事情[23]。

“人民的无力乃是利维坦的权力”[24]。根据彼得-德恩里科对法律当事人的分类，作为权利主张者，“弱”而“愚”的消费者基本都是偶尔诉诸法院的“孤注一掷”者(One-Shotters，简称 OS)；而公司，特别是大型和跨国公司，应该都是长期从事相似诉讼的“职业

玩家”(Repeat Players,简称 RP)。RP 的优势多多,试举例[25]:

> RP 们发展出一套专门技术,并且预备了一批专业人士,他们享受着规模效益,因而节约了每一案件的初始投入。
>
> RP 们可以碰运气。争执的事项对于 OS 越是重大,他们就越是可能采取“极大中的极小”战略,也就是将最大损失的可能性最小化的博弈原则。对 RP 们而言,一旦赌注相对较小,他们就可能采取长期利益最大化战略,甚至不惜在某些特定案件中付出最大代价。
>
> RP 们不仅在切近利益上碰运气,而且在规则形成上做文章。他们可以运用游说等方法扩展资源,影响相关规则的制定。
>
> RP 作为一些较大的单位,能够更稳定、更大量、更频繁地购买更高质量的法律服务。RP 还有信息优势,不仅能够自始得到更多的智力支持,而且能够在整体上取得更稳固的连续性,得到更好的记录,完成更有预见性或者预防性的工作,在相关领域获得更多经验和专业技术,并且能够更好地控制律师。法的门前,消费者就是那个最终不得入门的“乡下人”。

然而,消费者最终握有市场的权力,恰如人民最终握有历史的权力。产品信息的产生和传递如果因为“遮蔽”不能正常运行,且在法知识的“遮蔽”下强化了产品卖方的权利。产品的卖方对产品的质量拥有比买方更多的信息,那么,不仅“劣质品”会给消费者和“优质品”生产者带来负外部性,整个市场也将因此变成一个“柠檬市场”[26]。人们除了比价,还是比价,而不是商品的个性与质量。人们会放弃某一行业的产品,比如国人用洋奶粉替代国产奶粉,甚至出现举国海外采购的现象。在信息不对称的极端情况下，市场会止步萎缩和不存在，这就是消费者最终的选择：用脚投票。

3.2　法知识的简单性与去蔽

3.2.1　亲身体尝简单而具象

“法律不要精微玄奥；它是为具有一般理解力的人们制定的。它不是一种逻辑学的艺术，而像一个父亲的简单平易的推理。”[27]亲身体尝简单而具象，符合“合理人”的标准。

《亲身体尝法》的核心制度比较简单，包括：

(1) 必须亲身体尝；

(2) 必须告知消费者；

(3) 对于亲身体尝的陈述与告知不得欺诈。

《亲身体尝法》试图以普通消费者朴素的经验感受与评判来降低法律认知的门槛。相对于专业的产品知识和对应的复杂的法律构建，《亲身体尝法》是一个弥补，试图降低消费者和生产者之间的信息不对称。

《亲身体尝法》试图以简单的街坊语言来描述一个具象的行为，而不是枯燥的抽象的专业迷宫。后者的“信息不必然使人知情”[28]。

亲身体尝履行了语言使用的义务：在和别人讲话时，应当用他人可以清晰地理解的方式向他人表达自己的意思[29]。

产品的生产和销售，从最初的熟人社会发展到现在的陌生社会；在互联网社交平台上执行的《亲身体尝法》，将再次从陌生社会发展为“脸书社会”。

熟人社会	陌生社会	脸书社会
	摆脱人的身份	摆脱专业分工的身份限制
	契约的平等	知识认知功能的平等
	数字的/量化的/因果的	直觉的/关联的
	道德匿名性	良心个体附着

3.2.2 专业知识认知的低就姿态

因为简单，因为开放，《亲身体尝法》也是罗尔斯差别原则在法律构建中的体现。它以一种专业知识认知的低就姿态来实现“平等的权利”，它低就信息不对称的消费者，试图使法律知识向所有人开放，从而“适合于最少受惠者的最大利益”。每个人在《亲身体尝法》体系面前都因为自身消费者和生产者的角色互逆，而保证了它又遵从了第一原则：每个人对与其他人所拥有的最广泛的基本自由体系相容的类似自由体系都应有一种平等的权利。

《亲身体尝法》具有平等主义的倾向，显然与简单的市场原教旨主义、与单纯追求资本效率有着冲突。亲身体尝试图以大众熟悉的“街坊行为”来缓释专业的遮蔽（如产品的规格专业信息、公司法带来的道德匿名、格式合同带来的“镜像条款”丧失等）所带来的安全丧失，适度牺牲生产者的效率，要求生产者承担财务“有限责任”之外的整全人格的善意责任——也是基础的市场准则。

《亲身体尝法》并不全然废除人与人之间包括法律知识在内的认知不平等，而是仅仅试图减轻这种不平等，它的目的是，通过给生产者强加限制的法律制度和命令，来部分抵消生产者事实上所享有的优势，并防止他们过度地利用这些优势，也即过度地使用包括法律知识在内的知识操控[30]。

> 如果我们关心自由，我们就必须调和自由与平等的关系，因为它们之间任何真正的冲突，都会是一场自由必败的竞争。[31]平等不但与自由兼容，而且是珍惜自由者都会予以珍惜的一个价值[32]。

《亲身体尝法》是自由与平等之间的技术性的中庸调和，即在1.3.3提到的“允正中道(just mean)”。“政府必须不仅仅关心和尊重人民，而且必须平等地关心和尊重人民。”[33]《亲身体尝法》体现了对处于信息不对称的消费者的关心和尊重，以及法律建构意义上的平等性：它把工具平等地给予了每一个消费者。

3.2.3　去蔽与参与

《亲身体尝法》将由于法律的去蔽，而恢复消费者的“法感情”。《亲身体尝法》的权威首先来自广大消费者的支持，这种态度赋予了《亲身体尝法》的能力。借助互联网社交平台，它将是富勒宣称的“共享目的的合作表达”，并产生消费者和生产者互动的自生自发的秩序。

《亲身体尝法》将改变消费者“弱”而“愚”的状况。公司的强势得到抑制；通过互联网平台上《亲身体尝法》的施行，消费者获得了前所未有的评判权力，分散的力量也得到集中。另一方面，消费者再也不会被企业广告和营销的花言巧语所蒙蔽，通过看得懂的生产者自我消费的日常行为，消费者以自己的经验，不依靠专家，就变得“聪明”了。

《亲身体尝法》以其简单与朴素，消除或降低法知识的“遮蔽”，成为民众亲切接受的“林中空地”[34]，“离开那条灰暗的逻辑小径”[35]。法律知识的去蔽，将部分去除民众的冷漠与“搭便车”心态，从而我们将得到一个“友好的态度”——“尽管对计划、利益和信念各持己见，但对法律的态度却表达了我们在社会中是联合在一起的”。最终，也就走在趋向这个法律的理想道路上：“为了我们想要做的人和我们旨在享有的社会”[36]。

去蔽后的《亲身体尝法》，将赢得消费者的广泛参与，并最终获得生产者的支持：市场将摆脱“柠檬规则”，回到一个良性的竞争循环。

3.3 法的衡平生长

> 法律必须稳定，但又不能静止不变。因此，所有法律思想都力图使有关对稳定性的需要和对变化的需要方面这种相互冲突的要求协调起来。一般安全中的社会利益促使人们为人类行为的绝对秩序寻求某种确定的基础，从而使某种坚实而稳定的社会秩序得以保障。但是，社会生活环境的不断变化，则要求法律根据其他社会利益的压力和危及安全的新形式不断作出新的调整。这样，法律秩序必须稳定而同时又必须灵活。人们必须根据法律所应调整的实际生活的变化，不断对法律进行检查和修改。如果我们探寻原理，那么我们既要探索稳定性原理，又必须探索变化原理[37]。

《亲身体尝法》是衡平性思维下法的生长，由弊端而开启的修复与生长，是对公司制度的必要补充，是制度的接续和开进。作为一项“目的性事业的法律”，《亲身体尝法》是法律的章回性小说历史性的一个篇章，是制度整体性生长的一部分。

《亲身体尝法》从消费者的角度“戳破公司面纱”，可以矫正公司人格独立制度的不合目的性，并以简单和具象来去除法律的专业性、抽象性和复杂性带来的对普通民众的知识遮蔽，属衡平性规范，其在法技术特征上表现出明显的衡平性。

衡平(equity) 一词主要有以下几种含义：

(1) 公平；公正；公平对待(公司的规章要求管理者公平对待下属)。

(2) 构成公平与正义的规则实体；自然法(“不可剥夺的权利”的概念反映了自然法对独立宣言的影响)。

(3) 在特定情况下依据正义原则对法律进行的更正与补充；一种为了避免因在极端案例中文义地适用法律文件，或因文义地排除适用本可能是立法者原目的的判例而造成的困难的一种司法干预手段(由于法律条文没有完整地解决这个问题，所以，法官以衡平的方式判决案件)——也称为自然衡平。

(4) 一种起源于英国衡平法院的法律系统和规则实体，在普通法与成文法(狭义上的“法律”)相冲突时替代前两者(在向衡平法院上诉时，她其实是在向国王的良心提出诉求)。

(5) 一种被衡平法院认可的权利、利益或救济方式(由于没有正式地形成合同，所以，他们以违反衡平原则为由起诉)。

(6) 以衡平原则作出决定的权利；衡平法管辖权(法院认为该错误足以严重到可以忽略诉讼时效，并以衡平原则判决了案件)[38]

正如前文所提到的，公司制度对于资本效率和人类文明发展贡献巨大，“有限责任公司是当代最伟大的发明，其产生的意义甚至超过了蒸汽机和电的发明”[39]。《亲身体尝法》并不否认公司法，尤其是股东财务的“有限责任”设置，但是它通过制度性的“戳破公司面纱”，试图矫正公司对于股东和主要利益人道德角色分裂的潜在可能，要求衡平生产者和消费者的信息对称。并以通俗的街坊行为和语言，来衡平法知识的认知能力，避免法知识的操控而加大生产者的信息与法律优势。这是“法律的完整性观念”[40]的要求，以保持法律内在的正义和公平的传统。

这是一个对自由市场的“干预”，“凡斯国家之不取放任态度自进而强制的经营此保护方法者，非仅以个人为个人而保护之，乃将个人之活动力相互调和而籍以期共同生活之圆满之意也。”[41]《亲身体尝法》是“法律上之进化与进步”，它与公司法的“有限责任”条款是市场中功能互补，是张力中良心与效率的妥协。

《亲身体尝法》并不追求宏大的体系，它以其独特的工具性和实用性，将构成21世纪新版的“进步运动”[42]的一部分。同时，借助互联网思维，它又可以成为富勒笔下取代传统的“契约之锁”的“互惠性纽带”[43]，体现立法者和民众之间的互动，恢复生产者和消费者在“有血有肉的个人”基础上的互动。法知识的认知功能将趋向于更整体性的进化，包括认识操控功能，并超越操控功能，也就是“光明之子必须有黑暗之子的智慧的武装”，“以便能够为了共同体的利益，引导、调停和控制个体或集体的自我利益”[44]。最终，“一切知识，一切选择都趋于善”[45]。

3.4 《亲身体尝法》的市场原则

《亲身体尝法》会不会成为又一个“责任爆炸”[46]？“治疗可能比疾病更糟”？[47]《亲身体尝法》会不会阻碍市场竞争？

《亲身体尝法》借助互联网思维，有助于在道德自治和市场自治的基础上的秩序自然生长，它可能是一种“公法的私法化”的尝试。在《亲身体尝法》中，行政主体淡化自身权力，利用市场各相关者的主动参与来实现法律目标，行政主体由指令者变为指导者。《亲身体尝法》有可能具有类似日本学者所说的“行政私法”的某些特征。

《亲身体尝法》作为有效力的法律，“法律的生命在于强制实施”[48]。这种“适当强制性干预是为了防止过度强制性干预”[49]，《亲身体尝法》指令清晰、简单，也混合指导，并给各市场参与者留有足够的能动空间与参与可能。

《亲身体尝法》的指令清晰而简单：

（1）必须亲身体尝；

（2）必须告知消费者；

（3）对于亲身体尝的陈述与告知不得欺诈。

《亲身体尝法》也混和指导，包括：

（1）如何亲身体尝；

（2）如何告知；

（3）如何评价。

《亲身体尝法》把国家行政层面的惩罚降到尽可能少的范围，但通过互联网思维下的开放，把最主要的惩罚权力留给广大的消费者。通过他们的“口水”来最终决定产品的销售和主要相关利益、获利人的信誉。

《亲身体尝法》的实施离不开竞争，“竞争在很大程度上是信誉和善意的竞争……竞争的作用正好是告诉我们，谁为我们服务得更好。”[50]

需要《亲身体尝法》，通过矫正公司人格遮蔽性，使得竞争成为带着道德名誉的有血有肉的个人与个人之间的竞争；生产者的广告投放的竞争，将不再是产品定位中的情感与情境忽悠，而是如何降低消费者信息不对称的竞争；生产者将围绕“亲身体尝”的可信度，改变名人、专家博眼球的策略，而以自己朴素的“己所不欲，勿施于人”的街坊行为来赢得消费者的信任。《亲身体尝法》将淡化“柠檬法则”的作用，使良币回到市场。

打个比喻，作为一种国家行政干预，《亲身体尝法》不是强烈的家长作风式管理，而是自由家长式管理方式。

> 在强家长式治理模式中，法律通过强制的方式介入。如果想处于合法范围内，经济活动的参与者没有任何自由裁量权。
>
> 自由家长式管理主义的逻辑与之不同。它旨在通过构建选择来减少认知偏差，通过提供“选择架构”——泰勒和桑斯坦(2008)的表述——要求个人在该架构内保有很多公开的选择可能，但同时也能让个体可以避免大的错误。
>
> 自由家长式管理的方式旨在通过保持一定的选择自由来降低与偏差有关的风险[51]。

《亲身体尝法》以其原初的简洁性以及架构内的可供选择性，给各个市场参与者保持了相当的选择自由。《亲身体尝法》“基本上是一项为公民彼此之间的交往行动提供一套健全而稳定的框架的事务，政府在其中的角色只是作为一个维护这套系统之完整性的卫士。”[52]

3.5 《亲身体尝法》与自由主义的传统

3.5.1 法的"可逆性"

法律,如何实现互联网思维?不仅是法律信息的公开与搜索,也不仅是法律的"投射"——关于互联网交易的法律制定,更重要的是:整个法律架构从线型改变为网状互动,从金字塔型的权力结构走向民众碎片权力的众筹形式。

富勒曾经把互逆性作为义务概念之最佳功效的三项条件之一[53],"第三,社会中的关系必须具备充分的流动性,以至于今天你对我负有某种义务,明天我可能对你承担起同样的义务——换句话说,义务关系在理论上和在实践中都必须是可逆的(reversible)。"

也就是哈耶克对于法治本身的一项社会条件,人们今天集合起来就他们的义务进行立法,但却不知道明天自己会是这些义务的承担者还是受益者。

《亲身体尝法》全然符合可逆性要求。在个体作为生产者和消费者的经常性的角色互换中,实现法官和被审判者的角色可逆。而互联网思维下每一个消费者"权力碎片"的运用,又使得转换成为可能,力量也足以强大而产生影响。

3.5.2 自由与责任以及方法论上的个人主义

《亲身体尝法》下的责任,正如本书第一章中所揭示的,是排除器式的"善"的具体行动,它要排除的恶是:我没有使用,我本人不愿消费的产品,我把它推销给陌生的消费者。亲身体尝反对的是不负责任的自由,“他最朝思暮想的,就是能够完全地、不负责任地自由。对于这个理想状态,他用的词是“volia”,这个词指的是‘我行我素’。能够 volia,就意味着可以放纵,可以狂欢,可以痛饮,可以把东西烧掉……”[54]亲身体尝反对的是责任的落寞,无痛的伦理,“自给自足的个人主义,无规则的且是无序的,突兀点来说,便是‘不负责任的’。”[55]

《亲身体尝法》试图通过个体的具象的行动,去除公司法对于个体道德角色分离,去除法知识的遮蔽,恢复法感情。《亲身体尝法》所倡导的自由,恰是哈耶克推崇的,“自由的主要目的在于,向每个人提供机会和动因,以使个人所具有的知识得到最大限度的使用。”“自由与责任的这种关联性或互补性,意味着对自由的主张只能适用于那些被认为具有责任能力的人。”[56]

《亲身体尝法》所坚持的是“方法论上的个人主义”,“方法论上的个人主义更像是一道防卫,防止在知识上将团体与机构实体化(hypostatizing)为思想和行动主体的危险。”[57]《亲身体尝法》并不延续私法公法化的老路,试图依据某个科学标准,而把对生产者、产品的评判全然交给某些政府部门和某些行政专家。《亲身体尝法》要求的是互联网思维下点对点的评判,它“戳破公司面纱”,显露出生产者个体,它依靠街坊行为恢复消费者个体的权利,《亲身体尝法》依赖的是个人运用个人的经验来评判另一个个人。公法的私法化或是在互联网思维下一个值得尝试的通渠。

3.5.3 理性不及与道德不及

哈耶克的“理性不及”的概念对于消费者保护的法律体系来说具有以下启发:我们不可能全然地把消费者的权利交给某一个或

某些具有科学知识的专家，或者具有正义感的立法者和法官。因为他们不可能全知全能地设计出一套天衣无缝的保护罩来保护消费者[58]。

反过来，正因为我们已经把一部分的保护权利交给了专家或立法者、法官，他们中的某些“黑暗之子”将利用自己专业知识的优势，操控消费者，遮蔽消费者的知识学习、知识认知以及参与意愿，以此获取有利于自己和小集团的利益。

更重要的是，这种遮蔽破坏了自由的基石——个体对“知识”的平等获得与学习权利，也破坏了法律基石——民众参与和互动的“法感情”。这种知识的遮蔽导致对社会的疏离和漠视，造就了“搭便车”心态的基础，最终，这种冷漠的法感情的扩散由产品、消费、雇佣发散，直至民主制度自身。

《亲身体尝法》呼唤的自由，便是法制度和法知识的部分去蔽，个体克服对公司庞大威逼的无奈，缓解格式合同的疏离，回到个体对个体的经验。它是现有制度的必要补充，矫正和衡平。《亲身体尝法》是一项制度设计，与公司法一样。《亲身体尝法》试图在现有的法律制度上衡平进化。

《亲身体尝法》不是一种唯理性建构[59]，它也不预备“烧掉原有的”[60]技术性法律。《亲身体尝法》的重构，建立在惯例、习俗之上[61]，它是惯例、习俗在互联网时代的进化。《亲身体尝法》“允许所有的人运用自己的知识去实现自己的目的且只受普遍适用的正当行为规则(rules of just conduct)的约束的自由状态，有可能为他们实现他们自己的目的提供最佳的条件”，并因为“在行使强制性权力的方面受社会共同体所信奉的一般性原则的限制”，《亲身体尝法》才有可能得到实现并得以维续[62]。

> 我们不该对形而上学或者历史资料顶礼膜拜，却对现实生活的需求视而不见、避而不听。在将历史和理性作为典范的想象中，我们不可能会感受到社会现实的鲜活需要[63]。

此际的历史性，正是它的偶然性。民众内心强烈呼唤“己所不欲，勿施于人”这个一般性原则。广大民众在相对富裕安适中却丧失生存的安全感，如此焦虑，如此迫切地需要“急切维护的价值”[64]。《亲身体尝法》也是纠“建构主义”的理性之偏，在“关联性思维”中，部分恢复法的完整性。

亲身体尝也将是生产者和消费者间和解的桥梁。

生产者的亲身体尝当然不能全部解决消费者的安全保障，他有他自己的“理性不及”。我们可以理解与认可一个个体因为“理性不及”所造成的错误[65]，但我们不能容忍一个个体的“道德不及”：以他人为手段而实现自己目的的故意。

注：

[1]《农产品质量安全法律制度研究》，任大鹏著，社会科学文献出版社，2009年，P113。

[2]《法的门前》，[美] 彼得-德恩里科著，北京大学出版社，2012年，引言P9。

[3]《米诺斯》，[古希腊] 柏拉图著，林志猛译，华夏出版社，2010年。

P20：苏：法仍意图成为对实在的发现；

P25：苏：关于治理城邦的著作和法则，又出自谁呢？难道不是出自那些在如何统治城邦上有知识的人？

苏：除了治邦者和君王外，还有谁拥有这种知识？

伴：别无他人了。

[4]《论经济与社会中的法律》，[德] 马克斯·韦伯著，中国大百科全书出版社，1998年。

P70—71：新的法律规范有两种主要渊源：其一，某些共识，尤其是目的性协议的标准化。在“职业”顾问的帮助下，个人越来越有意识地做这项工作，以便界定他们的利益范围。其二，先例。例如，英国的普通法就是以这种方式发展的。具有司法经验和素有训练的专家日益广泛地参与这一发展过程。这些专家越来越“职业化”地从事“顾问”或法官的工作，因而使这类法律具有了“律师法”的特点。

P86：法律专家的作用

如果缺乏训练有素的专家的决定性作用，就不可能有正式阐述的法律。这些法律构成了有意识地适用于判决的复杂准则。我们已经熟悉了其不同的范畴。与司法活动有关的“法律实践者”阶层除了官方的司法人员，还包括法律荣誉者，即法律先知、市政议员，有时还包括牧师。因为司法活动要求越来越多的经验，并且最终要求的是专业知识，所以，我们发现进一步的范畴，即私人法律顾问和律师。他们通过“法律创制”的方法，对法律的形成所起的影响越来越大。下文将详细地讨论这一群体在一定条件下发展的过程。对法律专门知识日益增加的需求，使专业律师应运而生。这一需求以及对法律合理性的追求，几乎与商业的发展和法律专家的参与是并行的。因为要解决层出不穷的新问题，没有经过专业性和合理训练的法律人员是不可想象的。我们的兴趣集中在法律“合理化”的方式与结果。这是如今所说的“法学”的发展。我们可以说法律制度是以各种方式“被合理化”的，并且，肯定具有某种“法学”性质的发展方向。但是，这些形式上的发展直接是以“内在法学”条件为条件。这种所谓内在法学条件是与“专业性”地影响法律发展的那些人所具有的特点分不开的。一般的经济和社会条件间接地影响了这一发展。现有的法律教育方式，即对法律实践者的训练方式，显得越来越重要。

[5] 参见《超越金融/索罗斯的哲学》，[美] 乔治・索罗斯著，中信出版社，2010 年。

P39：波普尔主要考虑的是对现实的理解，他从认识论而不是从政治的角度提出了支持开放社会的论据。但他的论点是基于一个暗含的假设，即思维的主要目的是为了更好地理解现实。但实际上不一定如此。操纵功能可能被摆在优先于认知功能的位置。的确，在民主社会中，政治家的首要目标是当选，然后是执政。

P41：波普尔关于开放社会的观念，是建立在认知功能优先于操纵功能的隐含假设基础上的。也就是说，我们是在试图找到真相，而不是操纵人们去相信我们想让他们相信的事。

[6]《给每个人发钱》，顾继东著，复旦大学出版社，2016年，P138。

[7]《自由竞争与秩序调控——经济法的基础建构与原理阐析》，邱本著，中国政法大学出版社，2001年，P206。

[8]《产品责任法》，[美]戴维·G.欧文著，中国政法大学出版社，2012年，P130。

[9]《产品责任法》，[美]戴维·G.欧文著，中国政法大学出版社，2012年，P130。

另参P219：生产商是否应该为发生在今天的、他没有避免的产品导致的伤害负责任，而在产品被设计和出售时伤害是不可预见和不可避免的（在理论上或实践中），这关乎逻辑、正义、社会政策以及法律原则的棘手且重要的问题。工艺水平抗辩争点穿透了缺陷和"严格"责任概念的核心，迫使我们重新考虑产品责任法的目标。

随着产品责任法的发展，"不能被发现的"、"未被知悉的"、"不可避免的"以及"工艺水平"经常被法院和评论人无区别地互换使用，来免除生产商和其他销售者不能控制的一定类型的风险。然而，该种类型的争点越来越多地以后面的词组即"工艺水平证据"和"工艺水平抗辩"来称谓。法院和立法机关对该术语的定义都不一致。

[10]参《民商法论丛》第3卷，梁慧星主编，法律出版社，2016年。

P198：《契约的死亡》[美]格兰特·吉尔莫著，曹士兵，姚建宗，吴巍译，2005年。

P202：古典的抽象契约法是现实主义的。与当时的社会相适应，契约法没有具体细琐的规定，也不凭借社会政策来限制个人自治或市场自由。因此，它与自由的市场大致吻合。很明显，契约法巧妙地配合了19世纪自由经济的发展。因为这种经济类型也是抽象而非琐细的。从两者的理论模式看——契约法和自由经济——都把其当事人当作个体经济单位看待，它们在理论上都享有完全的自主权和自由决定权。

P318：那么，古典契约模式是怎样崩溃的呢？大致可分为两种情形来考察。第一种情形是，伴随福利国家思想的发展而来的崩溃，具体而言，采取了依法对缔约自由、契约内容自由加以干预的形式。

相比之下，古典契约的崩溃在第二种情形上更为深刻。即依约款订立契约的普及。

[11]《英美法善意原则研究——解读英美法物权变动中的"优先和最高原则"》，秦伟著，法律出版社，2008年，P43。

[12]《游叙弗伦苏格拉底的申辩克力同》，[古希腊]柏拉图著，商务印书馆，

1983 年。

P51：苏格拉底的申辩

在我的申辩中，若听到我平素在市场兑换摊旁或其他地方所惯用的言语，你们不要见怪而阻止我。我活了七十岁，这是第一次上法庭，对此地的辞令，我是个门外汉。

[13] 可参阅作者之一的读书笔记："读《法律的语言》"，[美] 大卫·梅林科夫著，法律出版社，2014 年。

喜欢或仇恨法律的人，或喜欢咬文嚼字者，都可以一读此书。

作者归结，"法律语言具有以下鲜明特色"(P33)：

(1) 冗余拖沓；

(2) 晦涩不明；

(3) 夸张不实；

(4) 单调乏味。

记得 90 年参加银行工作，苦背信用证 400，还有研读银团贷款文本，被那些高大上的法律用语搞得"七荤八素"，包括 and or/force and effect/null and void.后来自己读了法律，还沾沾自喜地使用专业用语，比如 consideration(对价)。再到近些年负责部分法务，总觉得律师的意见长，才是"才华横溢"，才对得起付出去的律师费。当然，内心总有嘀咕：似乎这不是"人话"。

看了此书，才明白，嘀咕是有道理的。虽然，法律的某些行话，如 last clear chance\Piercing the Corporate Veil 等，是为了提高圈内人的交流效率，但更多是：

"以一种不为人知的语言作为保险柜，把行业的秘密锁在保险柜里，还有什么比这更好的方式来保护职业的垄断权呢?"(13 世纪)(P123)

"因为文件费是以页数来计价的，这样就有加长文献以占用更多页数的技巧。"(培根时代)(P221)

"法律里准确的第一大冒充者就是'传统'。"(今天)

比如 and/or，就是"不祥的表达方式像云雾一样笼罩着法律超过一百年"。作者经过详尽地考证和分析，以为"完全没有必要"。

然而，简洁、明了、通俗的法律用语，毕竟总是呼唤，留在莫尔的《乌托邦》里：

"他们每一个都精通法律，因为学习它不耗费太多时间，故人们用最明了的意思就能表达法律的含义——”

P237：

法律用语，正如劳伦斯-弗里德曼所揭示的，是“排他性群体”的专业术语，某些美妙的词汇（如 consideration）“从一个律师同行的口中说出能勾起同志般的友谊和怀旧之情”；法律的某些用语具有礼仪特征，“面向非法律专业的普通大众，它不是用来传递信息，而是用以传递情感——害怕、敬畏和崇敬。”

你害怕了吧？这就对了。法律用语的专业性“夺走了知识的钥匙”。

[14]《法律经济分析的基础理论》，[美] 斯蒂文・沙维尔著，中国人民大学出版社，2013 年，P354—355。

另参 P359(4)：诉讼成本导致防范措施的不足。我们未及深入探讨的问题是诉讼成本对于施害者采取的预防措施的影响。一般来说，出于两个原因，诉讼的高昂成本意味着施害者采取防范措施的激励会十分之低。第一，显然，由于受害者面临的诉讼成本，施害者有可能不会被起诉，因而施害者的预期责任将趋于较低；当他们引起的伤害水平低于受害者的诉讼成本时，这就变得尤为可能。

P376—377：原告有时会提起一些实际上他们本不想进入诉讼程序的诉讼，因为对于提起这种诉讼的原告而言，他们提起这种诉讼的成本将会超过其预期收益，这些诉讼被称为“负值诉讼”。

[15]《光明之子与黑暗之子》，[美] 莱茵霍尔德・尼布尔著，北京大学出版社，2011 年。

P10：尼布尔的“光明之子”和“黑暗之子”出自《圣经》，尤其是《路加福音》中耶稣的那句“此世之子比光明之子在世务中更明智和历练。”《圣经》中的光明与黑暗通常代表善与恶，“光明之子”指的是那些精神上觉悟的人。在本书的第一章，尼布尔进一步解释了书名的含义。尼布尔说，“光明之子”渴望实现爱与同情的理想，试图弘扬正义。然而，他们经常是天真和愚蠢的，相信正义可以通过道德劝诫实现，或者政治事件可以绝对符合遵照爱的理想。“黑暗之子”认为没有超越于自我利益的义务。他们是恶的源泉，然而，他们懂得在众多的利益中争夺权力。在这个意义上，他们是明智的。为了能娴熟地保护存续民主的文明，建立一个更好的世界，“光明之子”需要“黑暗之子”的智慧。

P9：我们不妨借用《圣经》上的名字来称呼这些道德的犬儒主义者，即那些不承认自己的意志和利益之外存在任何规律的人，称为“此世之子”或“黑暗之子”。相应地，那些认为自我利益应当受到高一级规律制约的人，则可以被称为“光明之子”。

P32：要保持民主文明的生命力，就要求既具备蛇的智慧，又要具备鸽子的天真。“光明之子”必须有“黑暗之子”的智慧的武装，但同时又要不受其邪恶的侵扰。他们必须明白自我利益在人类社会中的力量，但却不为其进行道德的辩护。他们必须拥有这种智慧，以便能够为了共同体的利益，引导、调停和控制个体或集体的自我利益。

[16]《美国实用工具主义法学》，[美] 罗伯特・S.萨默斯著，中国法制出版社，2010 年，P10。

[17]《全球化与法律理论》，[英] 威廉・退宁著，中国大百科全书出版社，2009 年，P169。

另参 P157：坏人是谁？

坏人关心的是在既存秩序下，尽可能无痛苦地保护其个人目标。

坏人是非道德的，而不是不道德的。他就像一个经济人和边沁“文明的”行为人，是一个理性的、精于算计的动物。在某些方面，他并不必然地以现实的方式反映出实际异常者的特征。就像达伦多夫的社会人，“他既不能爱也不能恨，既不能笑也不能哭。他一直是一个苍白的、不完整的、奇怪的人造人。”的确，坏人似乎没有理由不能是一个人造人，像法人那样。简而言之，他是一个理论构建，具有作为分析工具的未知潜力。

[18]《为权利而斗争》，[德] 耶林，商务印书馆，2016 年，P41。

[19]《为权利而斗争》，[德] 耶林，商务印书馆，2016 年，P52。

[20] 转引自《法治秩序的建构》，季卫东，中国政法大学出版社，1999 年，P200；我妻荣编：《英美判例百选》，有斐阁，1964 年，P18—19。

[21]《美国实用工具主义法学》，[美] 罗伯特・S.萨默斯著，中国法制出版社，2010 年。

P215：其次，不加鉴别地诉诸于技术比喻会影响社会中的观念和实践，直接关系到应该由谁决断以及决断的内容应当是什么的问题。公众甚至可能会被导向这么一种误信，即所有问题都很困难，且所有困难问题都是技术性的；因此，只有技术人员真正有资格解决它们。越来越多的问题都开始由“社会工程师”而不是通过民主程序由公民来决定。

P216—217：美国政府体系通过法律建立在民有、民治、民享政府的原则基础上。这个原则反过来有助于鼓励美国公民通过选择对政府承担某些责任的个人来控制政府以及法律应用从而实现自治。对技术比喻广泛且无甄别力地运用会侵蚀这种自我形象。这可能会产生一种截然不同的观点，使得公民个体仅仅成为复杂政府技术的客体，一种易受到幕后社会工程师遥控操纵的任意摆布客体。

[22]《作为目的性事业的法律——朗·富勒的法律观研究》，王家国著，法律出版社，2012 年，P107—108。

[23]《法哲学原理》，[德] 黑格尔著，商务印书馆，2010 年，P819。

[24]《道德的市场》，[德] 米歇尔-鲍曼著，中国社会科学出版社，2013 年，P243。

[25]《法的门前》，[美] 彼得・德恩里科，邓子滨编著，北京大学出版社，2012 年。

P71：

1. 由于以前干过这事，RP 们都有先一步的智慧，能够筹划下一次的交易，并且建立一个记录。出具格式合同，要求证券保证金等都是 RP 干的事。

2. RP 们发展出一套专门技术，并且预备了一批专业人士，他们享受着规模效益，因而节约了每一案件的初始投入。

3. RP 们有机会与现行制度发展有益的、非正式的关系。

4. RP 必须建立并维持一个作战者的信誉，他的利益就在于“讨价还价的名声”，而这种名声又是他奠定讨价还价有利地位的资源。

5. RP 们可以碰运气。争执的事项对于 OS 越是重大，他们就越是可能采取“极大中的极小”战略，也就是将最大损失的可能性最小化的博弈原则。对 RP 们而言，一旦赌注相对较小，他们就可能采取长期利益最大化战略，甚至不惜在某些特定案件中付出最大代价。

P73：

6. RP 们不仅在切近利益上碰运气，而且在规则形成上做文章。他们可以运用游说等方法扩展资源，影响相关规则的制定。

7. 因为眼前结果利害攸关，OS 是不关心未来相似诉讼结果的；而对于 RP 而言，任何可能对未来案件结果有所影响的东西都值得追求。对于任何玩家来说，赌注越大而重玩的可能性越小，他就越是不会关心那些指导未来同种情形的规则。如争夺独生子女监护权的父母、职业拳击手起诉国税局、面临死刑的罪犯。与此相反，玩家在当前案件中的赌注虽然很小，但却有一系列相似情形作为远景，就会对法律的状态更感兴趣。国税局、收养机构、公诉人都是这样的玩家。

因此，如果 RP 热中于在一系列案件中将切实利益最大化，他就可能情愿出卖个案的切实利益，以换取规则利益或者将规则损失最小化，因此，一旦 RP 预见到会有不利的规则后果，他就会寻求“和解”。RP 们既然期待着一而再的诉讼，就会选择那些他们认为最可能产生有利规则的案件去起诉或上诉。相反，OS 们宁愿要一个切实的利益，也不要一个生成“好的法律”的机会。因此，可以预期，那些能够影响未来案件结果的“先例”会相对倾向于 RP，要点仅仅在于，RP 有较多的机会启动有前途的先例，并且阻止不利于己的先例。

8. 由于有专门的经验和技术，RP 们更有能力分辨哪些规则更有渗透力，哪些规则只不过是象征性的承诺。RP 们可能集中投入资源，以促进规则的变革，并产生不同的切实结果。他们能够用象征性的失败换取切实的利益。

9. 既然渗透力有赖于当事人的资源——知识、勤勉、专门服务和金钱，RP 们更容易投入匹配的资源，以确保有利于他们的规则的渗透力。

P77：我们聘请律师后又会怎样？有律师的当事人会做得更好。律师都是 RP，他们的出现能够使当事各方取得平衡，消除本身是 RP 的当事人的优势，并且律师的存在能够扩大 RP 当事人的优势。不言而喻，RP 作为一些较大的单位，能够更稳定、更大量、更频繁地购买更高质量的法律服务。RP 还有信息优势，不仅能够自始得到更多的智力支持，而且能够在整体上取得更稳固的连续性，得到更好的记录，完成更有预见性或者预防性的工作，在相关领域获得更多经验和专业技术，并且能够更好地控制律师。律师与客户之间的关系越是紧密和持久，律师就越是忠诚于他的客户而不是法院或律师协会，他们所积累的专业技能和总体战略指导方面的优势就越是明显。

律师的专业性在哪里？许多职业都迎合特定种类的 RP 的各种需要，而那些服务于 OS 的专家都有独到的特征：他们是法律职业者中“层次较低的梯队”，与那些为 RP 服务的律师相比，他们一般来自较低的社会经济层次，进入当地非全日制的法学院，独立执业而不在大的律师事务所工作，在业内也没有什么声望，一般都有发掘客户的难题；由于与 OS 客户的关系短暂而孤立，加之费用微薄，使案件成为一种批量生产的过程，也就是说，投入到每一案件中的时间和精力通常都是有限的，这便决定了他们的法律服务是陈旧而毫无创造性的。

对于“富人优先”，也有不同意见，比如《科宾论合同》(一卷版)(上册)，[美] A.L.科宾著，中国大百科全书出版社，1997 年。

P6：说实话，法律的实施还不能对富人的允诺和穷人的允诺，对雇主的允诺和雇员的允诺，做到一视同仁。有时候，富人因为有能力聘请精明能干的律师而得以逃避强制执行。但是，更为常见的是，穷人能逃脱强制执行而富人则不能。法官和陪审团常常变通执行法律，以有利于穷人而不利于富人；在我们国家，决定法律之状况的，正是那些相对来说比较穷的人们。

[26] 柠檬市场(The Market for Lemons)也称次品市场，也称阿克洛夫模型。是指信息不对称的市场，即在市场中，产品的卖方对产品的质量拥有比买方更多的信息。在极端情况下，市场会止步萎缩和不存在，这就是信息经济学中的逆向选择。“柠檬”在美国俚语中表示“次品”或“不中用的东西”。柠檬市场效应则是指在信息不对称的情况下，往往好的商品遭受淘汰，而劣等品会逐渐占领市场，从而取代好的商品，导致市场中都是劣等品。

柠檬市场的存在是由于交易一方并不知道商品的真正价值，只能通过市场上的平均价格来判断平均质量，由于难以分清商品好坏，因此，也只愿意付出平均价格。由于商品有好有坏，对于平均价格来说，提供好商品的自然就要吃亏，提供坏商品的便得益。于是，好商品便会逐步退出市场。平均质量又因此下降，于是，平均价格也会下降，真实价值处于平均价格以上的商品也逐渐退出市场，最后就只剩下坏商品。在这种情况下，消费者便会认为市场上的商品都是坏的，就算面对一件价格较高的好商品，都会持怀疑态度，为了避免被骗，最后还是选择坏商品。这就是柠檬市场的表现。

[27]《论法的精神》，[法] 孟德斯鸠，商务印书馆，1993 年，P298 页。

[28]《不确定状况下的判断》，[美] 丹尼尔·卡尼曼，保罗·斯洛维奇，阿莫斯·特沃斯基编，中国人民大学出版社，2013 年。

P109：《普通的归纳：信息不必然使人知情》尼斯比特等。

P124：如果人们对这种让科学家及政策制定者所钟爱的呆板的统计数据无动于衷的话，社会及技术的进步就会受到阻碍，除非发展出有效的、具体的、具有情绪影响力的沟通议定方式。我们收集了几个有关劝说的“个案研究”，我们坚信依据抽象信息和具体信息的区分，对之能够更好地理解。

P125：我们相信，现在的研究以及这些日常生活的事例，揭示了某类信息通常被人们所忽略，而在科学家看来，这些信息则是高度关联的，且具有逻辑必然性。而其他一些更少逻辑性的信息，却能够激发很强的推断和行为倾向。

[29]《人和公民的自然法义务》，[德] 塞缪尔·普芬道夫著，商务印书馆，2010年。

P129：由此我们可以看出，人们因为喜爱而强烈予以赞同的真理就是：我们的言语应当恰当地将我们内心的意思表达出来，以此传达给有权利知道并且我们有义务(完全的或不完全的)向其透露的人。这样做的目的是，他可以因此获得某些本该属于他的利益或避免遭受不应有的损失。

[30] 此段源于埃利希的启发。见《法律社会学基本原理》，[奥地利] 尤根·埃利希著，江西教育出版社，2014年。

P190：个人主义的出发点就是一种巨大的内在矛盾体，个人主义因此承受着巨大痛苦。尽管个人主义努力以同样的方式对待所有人，但它允许巨大的不平等存在，尤其是允许财富的不平等存在，法律面前的平等也仅仅是为了加剧这种不平等。越是依据同样的法律命题处理富人和穷人，就越增加富人的优势。与社会主义相比，以集体主义为基础的社会运动并不试图废除这种不平等，而是仅仅试图减轻这种不平等。它的目的是，通过给富人强加限制的社会制度和法律命题来抵消富人事实上所享有的优势，并防止富人过度地利用这些优势。

[31]《至上的美德：平等的理论与实践》，[美] 德沃金，冯克利译，江苏人民出版社2003年，P146。

[32]《至上的美德：平等的理论与实践》，[美] 德沃金，冯克利译，江苏人民出版社2003年，P5。

[33]《认真对待权利》，[美] 德沃金，信春鹰等译，中国大百科全书出版社，2002年。

P205—206："我的论点中的核心概念不是自由而是平等。我设想我们所有人都同意政治道德的如下假定，政府必须关心它统治下的人民，就是说，把他们当作有能力经受痛苦和挫折的人；政府必须尊重它统治下的人民，就是说把他们当作根据他们应当如何生活的理性概念有能力组织起来并采取行动的人。政府必须不仅仅关心和尊重人民，而且必须平等地关心和尊重人民。"

[34]《论海德格尔》,彭富春著,人民出版社,2012 年。

P39：海德格尔将那作为开放的开放性真理最后成为林中空地。根据他的观点,林中空地并非新物,而是那古之又古的,且隐蔽于无蔽此名中。它意味着无蔽性。"我们必须将此无蔽作为林中空地思考,它首先给予了存在和思想,以及它们的在场和它们的互为。"(ZUD,第75 页)

[35]《作为目的性事业的法律——朗·富勒的法律观研究》,王家国著,法律出版社,2012 年。

P44：富勒的这些批判对象都是与科学主义或形式主义有关的,在法律领域里就表现为规则中心主义的实证论。所以,他带着几分挖苦的口吻指责以奥斯丁或凯尔森为代表的实证主义法哲学家们,认为他们"从未让生活的广阔绿地诱使他们离开那条灰暗的逻辑小径"。在这里,笔者进一步看清楚富勒以人的生命和生活为中心的理论立场或学术旨趣,更能够理解他对形式主义下实证论者的不满,尤其是逻辑实证主义。因为在富勒的眼里,生活是一个整体性的过程,它不只是一个物性的存在,同时在价值或目的追求上,它还须是一种善的生活,故而"在人类有目的的活动中……价值与存在并非两个不同的东西,而是一个整体性实现的两个面向"。

[36]《法律帝国》,[美] 德沃金,中国大百科全书出版社,2016 年。

P367：法律的帝国并非由疆界、权力或程序界定,而是由态度界定。我们主要在上述法院中研究过那种态度,这种态度在那里接受检验,然而,如果它即使在法院也能很好地为我们服务,它在我们的日常生活中也肯定会行得通。从最广泛的意义来说,它是一种谈及政治的阐释性的、自我反思的态度,它是一种表示异议态度,使每个公民都应该想象什么是他的社会对原则的公共承诺,而在新的情况下这些承诺要求的又是什么。法律的异议性质和私人决定的创造性作用由司法判决的回顾性判断的性质所确认,而且也得到调节性的假设所确认。这种假设认为,虽然法官必定拥有最后决定权,然而法官的最后判决却不因此而是最佳的决定。法律的观念是建设性的：它以阐释的精神,旨在使原则高于实践,以指明通往更美好的未来的最佳道路,对过去则持正确的忠实态度。最后,它是一种友好的态度,我们尽管对计划、利益和信念各持己见,但对法律的态度却表达了我们在社会中是联合在一起的。总之,这就是法律对我们来说是什么：为了我们想要做的人和我们旨在享有的社会。

[37]《法律史解释》,[美] 罗斯科・庞德著,华夏出版社,2013 年,P1。

[38]《布莱克法律词典》(第十版),[美] 布莱恩・A・加纳主编,汤森路透出版社,2014 年 5 月出版,译自 Black' Law,第十版。

[39]《民商法论丛》(第 2 卷),梁慧星主编,法律出版社,2016 年。

P323：美国学者巴特尔指出,有限责任公司是当代最伟大的发明,其产生的意义甚至超过了蒸汽机和电的发明。(《公司人格否认论》蔡立东)

[40]《西方法哲学史纲(增补本)》,张乃根著,中国政法大学出版社,2008 年。

P505：法律的完整性观念是公平、正义之外的一种政治美德,“是对承认个人权利的一般性和非战略性的论证。”它可以分成两个方面：第一是立法上的完整性原则,要求立法者在原则上保持法律的一致性——“努力保护每个人的道德和政治权利,以便公共标准能够表达正义和公平的一致性观念和做法。”第二是司法上的完整性原则,要求每个法官在确定法律的权利和义务时,像一位“章回小说”的作者那样,尽力维持普通法的传统,表达这种传统一贯具有的正义和公平的含义。可见,法律的完整性观念实质上就是要求保持普通法内在的正义和公平的传统。

[41]《法律上之进化与进步》,[日] 牧野英一著,中国政法大学出版社,2003 年,P19。

[42]《美国实用工具主义法学》,[美] 罗伯特・S.萨默斯著,中国法制出版社,2010 年。

P12—13：美国政治上以“进步运动”(1890—1920)闻名的改革者的活动,是另一个肯定性影响的因素。包括杜威和年轻的庞德在内的数个工具主义领袖都是进步论者,尽管卢埃林、欧丽梵、弗兰克在“进步运动”的全盛时期(1895—1915)思想还未臻成熟,但一待他们崭露头角便很快加入这一行列。进步分子并不是激进社会主义者,但他们相信：被大企业、信托机构、政治大亨的集中政权所腐化的民主一定会复兴;选举权应当扩大,特别是普及到妇女;产业应当被规制和调控;贫穷和老龄化应得到缓解;工人应当被保护;应当采取措施保护自然资源。

由于进步论者和他们的先驱不可磨灭的影响力,众多旨在达致进步主义目标的法律的得以颁布,如《谢尔曼法反托拉斯法》、《洁净食品和药品法》、关于参议院普选的第十七次修正案、扩大妇女选举权利的法律等。美国实用工具主义在进步主义时代扎下根来,这一点不足为奇；实际上，但凡进步主义者所表达的法律理论几乎必定是工具性和实用性的。

[43]《作为目的性事业的法律——朗·富勒的法律观研究》，王家国著，法律出版社，2012 年。

P28：富勒将"互惠性纽带"取代传统的"契约之锁"而成为"秩序黄金律"，这正点明富勒在此研究领域中的核心贡献所在。

P34：富勒法律观本体论的表述，最简洁的方式就是"法是使人类行为服从规则治理的事业"。

P35：富勒说法律是一项事业，其理论目的实质上是要强调，分析实证主义法学由于忽略了"社会维度"因而看不到在立法者与公民之间存在的互动过程，而富勒认为这种互动恰恰是法律本身的一项基本要素。

[44]《光明之子与黑暗之子》，[美] 莱茵霍尔德·尼布尔著，北京大学出版社，2011 年。

P32：要保持民主文明的生命力，就要求既具备蛇的智慧，又要具备鸽子的天真。"光明之子"必须有"黑暗之子"的智慧的武装，但同时又要不受其邪恶的侵扰。他们必须明白自我利益在人类社会中的力量，但却不为其进行道德的辩护。他们必须拥有这种智慧，以便能够为了共同体的利益，引导、调停和控制个体或集体的自我利益。

[45]《作为目的性事业的法律——朗·富勒的法律观研究》，王家国著，法律出版社，2012 年。

P67：亚里士多德就明确讲过，即便自然的活动也是有目的的，因为"自然是一种原因，一种为了一个目的而活动的原因。"而且，"一切知识，一切选择都趋于善。"

[46]《公司法的边界》，徐菁著，对外经济贸易大学出版社，2006 年。

P35：大量当事人约定之外的义务被引入到合同关系中，"责任爆炸"使古典的合同法面目全非。作为近代民法三原则之一的合同自治受到越来越大的限制。

事实上，对合同自治的限制是多方面的。除了上述从订立合同时对合同自治施加的一些事前干预外，还有从合同救济方面对合同自治进行的事后干预，如无行为能力、错误、胁迫、不当影响、欺诈、显失公平等。除了合同法内对合同自治的干预外，劳动法、产品安全法、环境保护法等对原本属于合同范畴的许多交易行为，也单独立法进行强制性规范。

[47]《公司法：理论、结构和运作》，[加] 布莱恩·R.柴芬斯著，林华伟、魏旻译，法律出版社，2001年，P672。

[48]《美国实用工具主义法学》，[美] 罗伯特·S.萨默斯著，中国法制出版社，2010年。

P235：霍姆斯、格雷、杜威、科恩对强制和暴力的强调最为明显。他们甚至认为，日常的法律运行要想取得成效，应该依赖于国家对强制和暴力的应用能力、应用意愿以及实际应用。庞德认同这种观点，且评论道："法律的生命在于强制实施。"

[49]《公司法的边界》，徐菁著，对外经济贸易大学出版社，2006年。

P115：柴芬斯还以英国为例，作了进一步说明。他指出不信奉干预主义的撒切尔之所以在其当政期间采取一些强硬的干预措施，其原因在于撒切尔夫人认识到如果反对完全放任的公众的呼声足够大，支持对经济严格管理的人就会增加。

这种"适当强制性干预是为了防止过度强制性干预"的观点与"履行社会责任是一种减少或避免公众批评的方法"这一支持公司社会责任的理由十分近似。

《公司法：理论、结构和运作》，[加] 布莱恩·R.柴芬斯著，林华伟、魏旻译，法律出版社，2001年，P171—174。

[50]《个人主义与经济秩序》，[英] 哈耶克著，北京经济学院出版社，1989年，P91。

[51]《金融危机背景下的上市公司治理——旨在更好地保护公司利益》，[法] 韦罗妮克·马尼耶主编，姜影译，2014年。

P200：2.2.2　治理的行为视角下法律的两种介入方式

正如我们可以看到的，行为方法不可避免地会带来治理中法律的家长式管理主义。如果说在传统观点中，我们使法律从属于契约自由，因为在信息可得的情况下，经济活动参与者的理性将带来能让全体获利的效率情况；相反，在行为视角下，法律的角色在于保护各方当事人来预防认知错误。然而，法律的家长式管理主义可以采取强度不同的措施。在第一种方式中，即在强烈的家长作风式管理中，它强加的解决方案几乎对各方不留余地。在第二种方式中，它给参与者留下很大余地，仅仅协助其作出选择，这导致了对"父权家长式管理自由主义"的讨论[泰勒(Taler)和桑斯坦(Sunstein)，2003]，虽然将这两个词组合在一起看起来并不太协调[泰勒(Taler)和桑斯坦(Sunstein)，2003]。

A. 法律和认知错误结果的改正：强家长式治理方式

46. 法律的行为分析方法既可被以“积极”(解释性)的角度来应用，也可被以规范的角度来应用。在第一种情况下，是要了解防止股东的利益不因管理者的认知错误(以及相反的，管理者不被股东错误地评价……)而受到损害的担忧是否已经或多或少地明示在现存法律制定的意图中。而相反，在第二种情况下，却是对于改革进行质疑，该改革的目的是为了在强家长式治理方式下，更好地保护各方不犯错误。

47. 在第一种方法中，由于错误的无意性，导致这种分析将商业刑法规则排除在外。不过，我们可以说，对惩罚的恐惧和对于其社会地位方面的影响等相关的情感维度可能对某些偏差行为产生间接影响，因为对可能冒有风险的意识会带来避免一些错误程序执行的效果。对管理者以后承担刑事责任的担心会促使其采取一些预防机制，如防止偏差机制的实施。然而，在后一种情况下，其更强调的是相关决定在事前去偏差视角下的功能，它并不是通过法律途径解决，而是依托于内部的组织措施的作用。

P202：B. 法律作为防止错误的手段：自由家长式管理方式

52. 在强家长式治理模式中，法律通过强制的方式介入。如果想处于合法范围内，经济活动的参与者没有任何自由裁量权。相对于认知偏差，法律的行为旨在阻止(如果有此可能)行为偏差的出现，但其效果被认为是有害的。

P203：53. 自由家长式管理主义的逻辑与之不同。它旨在通过构建选择来减少认知偏差，通过提供“选择架构”——泰勒和桑斯坦(2008)的表述——要求个人在该架构内保有很多公开的选择可能，但同时也能让个体可以避免大的错误。

P205：61. 治理和法律的行为分析方法与家长式观点密不可分，并调整了作用于治理系统有意和自发组成部分之间的评判条件。在传统观念下，受契约理论启发，在治理中的核心角色是市场。有意规范机制(特别是法律机制)在正常情况下只能起到有限的辅助功能。行为分析方法提出以下观察：不仅仅行为错误有损于市场的治理功能，而且一些机制(如激励薪酬机制)可以通过加大一些偏差的强度来加大错误的风险，因此，它会导致辩解法律调节的强化，而不忽略调节部分本身也受认知偏差的影响[赫舒拉发(Hirshleifer)，2008]。并且，干涉主义也可能导致自愿协议效率的降低，从某种程度上说，自由家长式管理的方式旨在通过保持一定的选择自由来降低与偏差有关的风险。此外，关于去偏差必要的问题也可能被提到。矛盾的是，在效率活力的概念中，通过鼓励采取创业风险，一些偏差可以被看作是效率的因素。

[52]《法律的道德性》，[美] 富勒，郑戈译，商务印书馆，2005 年，P103。

[53]《法律的道德性》，[美] 富勒著，郑戈译，商务印书馆，2005 年。

P28：我想我们可以辨识出义务概念之最佳功效的三项条件。首先是互惠关系，从这种关系中产生出来的义务必然导源于直接受影响的当事人之间的自愿协议，他们自己“创造了”这种义务。其次，当事人的互惠式履行必须在某种意义上是等值的。第三，社会中的关系必须具备充分的流动性，以至于今天你对我负有某种义务，明天我可能对你承担起同样的义务——换句话说，义务关系在理论上和在实践中都必须是可逆的(reversible)。

[54] 语出，R.派帕斯：《旧制度下的俄罗斯》，参见《重申自由主义》，[英] 安东尼·德雅赛，中国社会科学出版社，1997 年，P25，转引自《自由竞争与秩序调控——经济法的基础建构与原理阐析》，邱本著，中国政法大学出版社，2001 年，P57。

[55]《责任的落寞——新民主时期的无痛伦理观》，[法] 吉尔·利波维茨基著，中国人民大学出版社，2007 年。

P210：一股强大的力量将资本主义的民主社会导向了“现时”至上的个人主义，使得我们走向倡导努力和功绩的传统道德的对立面。“轻松挣钱”在文化上的走俏不仅限于美国，也不仅是“富豪男孩”的专利，此后，一如在美国，年轻的法国人对这些在短短几年期间就发迹的人的看法更多的是崇拜(53%)而不是怀疑(37%)。

P211：正如资本主义有两个相互矛盾的模式一般，当代个人主义也有两个对立面，一面是“负责任的”和有序的个人主义，另一面则是自给自足的个人主义，无规则的且是无序的，突兀点来说，便是“不负责任的”。

[56]《自由秩序原理》上册，[英] 哈耶克著，三联书店，1997 年，P30、P90。

[57]《马克斯·韦伯的〈经济与社会〉：评论指针》，[美] 查尔斯·卡米克 菲利普·戈尔斯基 戴维·特鲁贝克编，上海三联书店，2014 年。

P18：韦伯方法论上的个人主义并不意味着从社会学辞典中去除“阶级”、“国家”或其他的关系性、组织性和结构性的内容。对韦伯来说，方法论上的个人主义更像是一道防卫，防止在知识上将团体与机构实体化为思想和行动主体的危险。

[58] 此外，也应该看到过分的科学技术意义上出发的管制也可能会阻碍企业创新、导致成本增加、有损市场机能。

《法律、立法与自由》(第一卷)，[英] 弗里德利希·冯·哈耶克著，中国大百科全书出版社，2000年。

P8：我们的事实性知识的永恒局限

P10：每个人都具有的这种无从救治的无知(the incurable ignorance)乃是一种对某人所知或将为某人所知并由此而会影响到整个社会结构的特定事实的无知。

[59]《法律、立法与自由》(第一卷)，[英] 弗里德利希·冯·哈耶克著，中国大百科全书出版社，2000年。

P2：第一种观点认为，只要人类制度是为了实现人的目的而刻意设计出来的，它们就会有助益于人之目的的实现；这种观点还常常认为，一项制度之存在的事实，恰恰证明了它是为了实现某个目的而被创造出来的；同时，它还始终如一地主张，我们应当重新设计社会及其制度。从而使我们的所有行动都完全受已知目的(known purposes)的指导。

P3：第二种观点则认为，社会的有序性极大地增进了个人行动的有效性，但是社会所具有的这种有序性并不只是因那些为了增进个人行动有效性这个目的而发明或设计出来的制度或惯例(practices)所致，在很大程度上是由那个起初被称为“增长”(growth)尔后又被称为“进化”(evolution)的过程所促成的。在这个过程中，一些惯例一开始是出于其他的原因而被采纳的，甚或完全是出于偶然的缘故而被采纳的；尔后这些惯例之所以得到维续，乃是因为它们使它们产生于其间的那个群体胜过了其他群体。这种观点自古以来就一直以一种缓慢且渐进的方式不断地发展着，但是在它的发展过程中，一度也几乎被那种更具迷惑力的建构论观点所完全淹没。

P5：由于理性在笛卡尔那里被界定为根据明确的前提所作的逻辑演绎，所以，理性的行动也就仅仅意指那些完全由已知且可证明为真的东西所决定的行动。从这一点出发，人们几乎不可避免地会达致这样一种结论，即只有在这一意义上为真的东西才能导致成功的行动，进而使行动者取得成就的一切东西也就是他所进行的笛卡尔意义上的推理过程的产物。那些并不是以这种方式设计出来的制度和惯例，只是在偶然的情况下才可能是有助益的。上述观点与建构主义对传统、习俗和历史的普遍蔑视一起，构成了笛卡尔式建构主义的典型立场。根据这种立场，人仅凭理性，就能够重构社会。

[60]《法律、立法与自由》(第一卷)，[英] 弗里德利希·冯·哈耶克著，中国大百科全书出版社，2000 年。

P26：这样一句名言："如果你想要好的法律，那么就烧掉你现有的法律，并且制定新的法律"。就此而言，卢梭甚至发挥了更大的影响；有论者极为确当地指出了他的观点。

[61]《法律、立法与自由》(第一卷)，[英] 弗里德利希·冯·哈耶克著，中国大百科全书出版社，2000 年。

P16："从经验中学习"(learning from experience)，在人类中就像在动物中一样，主要不是一个推理的过程，而是一个遵循、传播、传递和发展那些因成功而胜出并盛行的惯例的过程——这些惯例之所以获得成功，往往不是因为它们给予了行动者个人以任何一种可识别的益处，而是因为它们增加了该行动者所属于的那个群体的生存机会。

P132：从习俗和先例中产生的法律所具有的独特属性

P158：这种规则之所以趋于发展下去，乃是因为出于偶然的原因而采纳了有助于形成一个较为有效的行动秩序的规则的群体，会比其他并不具有如此有效之秩序的群体更成功。当然，会得到传播的规则，乃是那些支配了存在于不同群体之中并使其间的一些群体比其他群体更强大的惯例或习惯的规则。再者，某些规则也会经由较为成功地指导那些涉及其他独立行事的人的预期而居于支配地位。的确，某些规则的优越性在很大程度上会凸显于这样一个事实之中，即它们不仅会在一个封闭的群体内部创造出一个有效的秩序，而且也会在那些邂逅且彼此并不相识的人们之间创造出这样一种有效秩序。

[62]《法律、立法与自由》(第一卷)，[英] 弗里德利希·冯·哈耶克著，中国大百科全书出版社，2000 年。

P86：本书的命题认为，一种允许所有的人运用自己的知识去实现自己的目的且只受普遍适用的正当行为规则(rules of just conduct)的约束的自由状态，有可能为他们实现他们自己的目的提供最佳的条件；此一命题还认为，只有当权力当局(包括人民之多数的权力当局)，在行使强制性权力的方面受社会共同体所信奉的一般性原则的限制的时候，这样一种系统才有可能得到实现并得以维续。

[63]《法律的成长》,[美] 卡多佐著,北京大学出版社,2014 年,P87。

[64]《法律、立法与自由》(第一卷),[英] 弗里德利希·冯·哈耶克著,中国大百科全书出版社,2000 年。

P165:现存的行动秩序首先是一个人们所依凭或信赖的事实,只有在人们发现他们必须依凭这种行动秩序才能成功地追求自己的目标的时候,该行动秩序才会成为一个他们急切维护的价值。

[65]《消费者保护法》(第二版),李昌麟 许明月编著,法律出版社,2005 年。

P4:就经济生活中的经营者和消费者而言,他们作为人类的个体,不可能克服人类认识能力的局限性,甚至也不可能克服作为人类个体掌握人类全部知识的局限性。经营者在生产消费资料的过程中,不可能对用于生产此类消费资料的原材料的所有物理、化学、生物等属性了如指掌。在某种物质的特性尚不被人们了解的时候,也就谈不上对其负面作用会采取积极有效的防范措施。因此,就经营者而言,认识能力的局限性决定其不可能向广大消费者提供绝对安全并且最能满足其生活需求的至为完美的消费资料;就消费者来说,作为单个的自然人,其认识能力更为有限,而且,消费者各种需求都需要满足,他们不可能像经营者那样深入、全面地了解掌握某种消费品的功能、效用及各方面的特点。当消费者对消费对象缺乏正确消费所必需的知识的时候,不适当的使用和消费也可能导致消费者利益的自我损害。这两种情况的存在都可能产生消费者问题。

第四章　互联网思维下的《亲身体尝法》

未来，互联网这种如同龙卷风般的变革将会进一步向哪个方向席卷？如果用一句话归结，那就是：存在信息不对称和低效点的产业与价值链环节[1]。

在甲型H1N1流感爆发的几周前，互联网巨头谷歌公司的工程师在《自然》杂志上发表了一篇引人注目的论文。它令公共卫生官员们和计算机科学家们感到震惊。文中解释了谷歌为什么能够预测冬季流感的传播：不仅是全美范围的传播，而且可以具体到特定的地区和州。谷歌通过观察人们在网上的搜索记录来完成这个预测，而这种方法以前一直是被忽略的。谷歌保存了多年来所有的搜索记录，而且每天都会收到来自全球超过30亿条的搜索指令，如此庞大的数据资源足以支撑和帮助它完成这项工作。

他们设立的这个系统唯一关注的就是特定检索词条的使用频率与流感在时间和空间上的传播之间的联系。

所以，2009年甲型H1N1流感爆发的时候，与习惯性滞后的官方数据相比，谷歌成为一个更有效、更及时的指示标。这是当今社会所独有的一种新型能力：以一种前所未有的方式，通过对海量数据进行分析，获得有巨大价值的产品和服务，或深刻的洞见[2]。

《亲身体尝法》具有司法操作的可能性吗？互联网技术和思维使之可能。互联网技术结构的平等性与去中心化，大数据的重关联与轻因果逻辑的思维，将与试图去除法知识遮蔽、唤起普通消费者法感情的《亲身体尝法》呼应和叠加。互联网思维下的《亲身体尝法》在开放互动平台上真正有可能实现“法律的平等”，包括法知识的获取平等、参与的平等，进而实现富勒所称的“大写的自然法无可争议的核心原则”，“我会说它存在于这样一项命令当中：开放、维持并保护交流渠道的完整性，借此人们可以彼此表达人们的所见、所感、所想。”[3]

在有效的思想中，目标和手段相互作用。目标暂时性地指向手段，而手段有可能致使目标作出重新调整。这种互动过程会持续下去，直到一种手段目标组合被选定，或因手段的不可行而放弃目标为止。在创设法律和实施法律的过程中，价值评估的对象不是孤立的目标或单独的手段，而是具体的手段目标组合。目标的可取性不光取决于其内在价值(如果有的话)，还取决于富勒所谓的“手段赤字(means deficit)”——在服务于目标的过程中可能发生的成本(包括其他目标的丧失、可以用来服务其他目标的手段的丧失、经济成本)。这种可取性也取决于“手段盈余”——从被选定的手段中获得的可能收益。因此，对目标的考察与具体化和对手段的考虑必须集合成组地进行。随之而来的，手段出现问题不只是技术上的或事实上的，它不可避免地要求价值判断[4]。

互联网技术结构和思维，作为法的实施手段，以其内涵的价值判断，不可避免地要求法结构和思维的变化。法律的实施资源清单包括：

> 目标；手段——目标假设；基本规范；从属规范；机构、政府部门，或其他发挥作用的实体；相关程序；利用的实施手段；功能性法律单元，包括人力、技术等；整体的实施技术和技术设计[5]。

4.1　互联网技术下法思维的挑战

4.1.1　传统法思维的检讨

传统的法律行政结构呈现金字塔形。相应的思维范式也以因果逻辑为主线，追求精确与线性。

确如韦伯所言："只有采用逻辑解释的抽象方法才有可能完成特别的制度化任务，即通过逻辑手段来进行汇集和合理化，使得具有法律效力的一些规则成为内在一致的抽象法律命题。"[6]逻辑的平等性在某种意义上保障了司法的平等。

但是，韦伯也承认："在经验完整性和理论精确性之间，存在着不可避免的、零和的(zero-sum)此消彼长：完整性越强意味着精确性越弱，反之亦然。"[7]因果逻辑毕竟只是一种理性分析工具，在此基础上建构的法律也属理想类型。

富勒形象地说："理性能够清晰地界分法律体系的基本结构，却无法让法律处理人类事务所有的曲曲折折(twist and turn)。"[8]

这也是小奥利弗·温德尔·霍姆斯对于法律评述的矛盾性中的一面：

> 法律的生命不在于逻辑，而在于经验。对时代必然性的感知，流行的道德和政治理论，对公共政策的直觉，不管你承认与否，甚至法官和他的同僚所共有的偏见对人们决定是否遵守规则所起的作用都远远大于三段论。
>
> 律师受到的训练就是逻辑上的训练。类推、区分和演绎的诸过程正是律师们最为熟悉的。司法判决所使用的语言主要是逻辑语言。逻辑方法与形式迎合了人们渴望确定性和存在于每一个人心灵中的恬静感受。然而，确定性一般来说是一个幻觉，而心灵的恬静并非人之天命。在合乎逻辑的形式背后，存在着对于相互竞争的立法根据的相对价值和重要性的判断，这个判断常常是一个无从言喻且未自觉意识到的判断，这是真实存在的，而且还是整个程序的根基和关键。你们可以为任何结论找到一个合乎逻辑的形式，你们可以总是找出某一合同中的默示条件。但你们为什么默示设定这一条件？这是因为它是有关社会或某一阶级的习惯做法的某些信条，或是因为有关政策的某些意见，或者简言之，是由于针对某一事物并不具备确切数量上的计量时，因此不具有确切的合乎逻辑的结论根据时你们的某种态度[9]。

这些评述只是再一次说明了我们对于包括法律在内的逻辑理

性的有限性的认知，旁证了哲学家的论点。

> 使我们能以知觉到各种事务的因果线（纵然处处都有这样的一些线）就如沙上的河，是容易渐渐消失的[10]。

然而，互联网的开放思维，大数据的关联思维，有可能突破传统的以金字塔结构和因果逻辑为基础的法语言的疆界，一定程度上缓和“法律的不合目的性、不周延性、模糊性、滞后性等局限性”[11]，摆脱“难以容忍的刻板”[12]。

> 耶林用化学法理学这种暗示性名称称呼创造性法理学。似乎可以说，创造性法理学是一种经过挑选的法律因素的组合，它构成了新的复合物。但是，创造性法律科学往往走得更远，它常常从外界吸收新因素，并用类推的方法发展这些新因素，或者将这些新因素与现有的法律因素结合，创造出更新颖的复合物[13]。

互联网和法律的结合将产生什么样的复合物？

如何实现互联网思维，法律业不仅是法律信息的公开与搜索，也不仅是法律的“投射”——关于互联网交易的法律制定[14]，更重要的是，整个法律行政架构从金字塔型的改变为网状互动的，从金字塔结构的权力走向民众碎片权力的众筹。互联网的开放思维，大数据的关联思维，都可能是“野性的思维”的当代发展，并有可能平行或补充于“因果”的科学或逻辑的思维。法思维将因此而改变，存在两者交流、互渗的可能。

4.1.2 平等/网状结构

> 所以，互联网的技术结构决定了它内在的精神是去中心化，是分布式，是平等。平等是互联网非常重要的基本原则。
>
> 当线性供应链被互联网改造成信息驱动的网状协同的价值网之时，也将意味着一种全新高度上的一种分工与协作社会化供应链体系的建立[15]。

互联网改变的不仅是商业逻辑，还有社会结构和思维。

首先改变的是法律和民众的关系。在传统的法制社会，消费投诉者、生产者以点的形式存在，与法院、工商管理等法律部门是垂直参与关系。在互联网思维下，广大消费者、生产者以网形式存在，在《亲身体尝法》的互动平台上，与法律部门是水平参与关系。

“技术使公民集体行动成为可能”，“无数的公民群体已经开始使用新的交流和信息分享工具来推进政治活动”[16]，互联网下《亲身体尝法》的平台即属于“维基政府”的探讨形式之一。

依助于互联网实施的《亲身体尝法》，可以从改造传统企业价值链的模型的互联网思维“独孤九剑”[17]获得借鉴和养分。这包括：

（1）用户思维——如何让法围绕用户？实现用户至上？既包括法官、律师、诉讼参与各方，更包括广大的生产者和消费者。

（2）简约思维——如何让《亲身体尝法》在内的法律制度的信息简单，去除专业知识的遮蔽？

（3）极致思维——如何让法的客户服务在细节上精益求精？

（4）迭代思维——如何在稳定运行的基础上，实现法的不断进化？

（5）流量思维——如何吸引广大民众的眼球，更多的参与，更多的法感情的汇拢？

（6）社会化思维——如何实现法律的社会互动，真正发动消费者，实现“人民战争的汪洋大海”？

（7）大数据思维——如何在民众广泛参与的基础上，以“关联”性思维平行或补充因果逻辑？

（8）平台思维——如何依托软件和平台，实现“小政府”？法律制度只是搭建平台，更多是市场参与各方的表演与评价。

（9）跨界思维——法律的跨界，不只是部门科学的“投射”，互联网将改变法思维。

《亲身体尝法》所倾向的知识的平等，消费者参与的平等和互联网结构的平等，三者的叠加将使消费者的权利、民主的实践、法律的互动掀开一个互联网时代法的新篇章。法律面前，人人平等，因手段的提高、思维的改变而得到进一步的发展。

4.1.3　大数据—关联—野性思维

本书第四章引言所采用的谷歌案例揭示了大数据的威力。大数据的威力源自我们思维方式的惊人改变，“社会需要放弃它对因果关系的渴求，而仅需关注相关关系。也就是说只需要知道是什么，而不需要知道为什么。”

> 执迷于精确性是信息缺乏时代和模拟时代的产物。只有5％的数据是结构化且能适用于传统数据库的。如果不接受混乱，剩下的95％的非结构化数据都无法被利用，只有接受不精确性，我们才能打开一扇从未涉足的世界的窗户[18]。

互联网的开放,大数据的功能,都可能使人类的“野性的思维”得到新的发展,平行或补充于“因果”的科学或逻辑的思维。两者也有深层的交流和互渗的可能。

借用列维·斯特劳斯的“野性的思维”的概念,我们以此表述未开化人类的“具体性”与“整体性”思维的特点。未开化人的具体思维与开化人的抽象性思维不是分属“原始”与“现代”或“初级”与“高级”这两种等级不同的思维方式,而是人类历史上始终存在的两种互相平行发展,各司不同文化职能、互相补充、互相渗透的思维方式[19]。

> “野性的思维”借助于形象的世界(imagines mundi)深化了自己的知识。它建立了各种与世界相像的心智系统,从而推进对世界的理解。在这个意义上“野性的思维”可以说成是一种模拟式的(analogique)思维。
>
> 因此,我们觉得具有较大的社会舒适性和较高的理智机动性的东西乃是起因于下述事实,即我们偏好于使用一块块的钱币,如果不一定是用“零钱”的话;而土著人则是逻辑的储积者:他们永远在串接线头,不停地把现实的一切方面翻来倒去,不管是物理的、社会的还是心理的方面。我们在交易思想,他们则在储积思想。“野性的思维”在实行着一种有限事物的哲学。
>
> 当然,“野性的思维”能够理解的性质与科学家关心的性质不同。他们分别从对立的两端来研究物理世界:一端是高度具体的,另一端是高度抽象的;或者是从感性性质的角度,或者是从形式性质的角度。但是如果,至少在理论上,二者之间

的相互关系不出现突然的变化，这两条途径肯定会相遇。这就表明，它们二者将在时间上和空间上彼此独立地通向两种虽然同样都是确实的，然而却是不同的知识：一种成熟于新石器时期，它为一种关于感觉事物的理论奠定了基础，同时它还通过各种文明技艺继续满足着我们的基本需要，如农业、畜牧、制陶、纺织、食物的保存与加工等；另一种从一开始就存在于与可理解性事物有关的平面上，现代科学即为其产物。

人们不得不等到20世纪中叶才看到两条长期分离的道路的相互会合：一条通过通信活动迂回到物理世界；而另一条，如我们最近才知道的，则通过物理学迂回到通信世界。于是，人类知识的整个过程就具有一种封闭系统的性质。因而，如果我们承认，最现代化的科学精神会通过"野性的思维"本来能够独自预见到的两种思维方式的交汇而有助于使"野性思维"的原则合法化并恢复其权利，那么，我们仍然是忠实于"野性思维"之启迪的[20]。

在今天，借助大数据的关联性，我们有可能实现"野性思维"的整体性思维和具体性在更高水平上的发展。具体的碎片成为量化的整体。

法思维也将因之进化，除了因果逻辑的手段，我们也将依助大数据中闪耀的"野性思维"：法的世界是关联的、具象的、整体的。

4.1.4　法在互动中获取"流量"

凯文·凯利（《失控》的作者）在《两种形式的联结主义》中对于社会化媒体、网络社交有深刻的理解：

> 一种大联结主义目前被称作社会化媒体。它们的目标是通过尽可能多的方式将每个人与除他自身以外的所有人联结起来。Twitter、Flickr、Facebook、Digg、Delicious 以及雅虎知识堂——所有这些前一万名的 Web2.0 站点为归属不同网络的人们提供了足够多的空间来完成新事情。在此,人类就是节点,他们产生信号。

而这种大联结与法律的本质和追求完全一致。法不能高高在上,法不能阳春白雪,法要成为民众参与的法,才能获得权利。

> 小米销售的是参与感,这才是小米秘密背后的真正秘密——"参与感"这个词在小米公司和雷军这里得到强调和广泛传播。为什么如此强调"参与感"?这与互联网时代成长起来的年轻消费人群的消费特征有关。他们自我意识强烈,对产品和服务的需求不再停留于功能层面,更想借此表达自己的情感。既然用户的需求发生变化,那么,品牌商的沟通诉求自然也随之改变[21]。

法必须改变自己,在互联网平台互动的设计下,全渠道(包括移动)进入社交媒介、以个性化的方式去迎合包括消费者、生产者在内的广大民众。法将是一种体验,一种民众的服务体验,法的建构者和政府部门或第三方将以用户至上(为人民服务)为理念。

在这个"信息过剩"的时代,也是一个"注意力稀缺"的时代,法的建构者和政府部门或第三方将努力改善法的服务,重新获取包括消费者在内的民众的法感情,不为法的专业知识遮蔽和疏离。

民众将关心法，和法互动，将自己的“有限的注意力”投射到法，包括投射到亲身体尝的法律平台。法律平台流量的本质，是民众的关注度，是法感情。

这个平台设计的重点是如何给予消费者权利和能力，让他们的智慧充分地展示。在消费者群体展示他们的智慧时，生产者也将在互动中展示诚恳。

4.1.5　简单与具象

在“为人民服务”的用户体验至上的理念下，法语言的叙述必须是互联网式的：具象、通俗。也就是纯逻辑语言转化为情境化语言；从专业复杂到通俗简单。法语言必须，听起来简单，说起来简单，有图有真相。

最杰出的工具主义者之一霍姆斯法官强调：“如果要接近真实和保持正确，则必须摆脱纯粹语词的思维，或者至少要不断地把我们的语言翻译为其所依托的具体情境。”[22]而现在我们有了互联网工具，有了类似“亲身体尝”这样的街坊行为，“事实、情境、效果”就有可能比统一的概念和术语更为接近我们的整体经验。这一点在4.3中将进一步展开。使信息对大家可见，让信息清楚明白，让信息与行动链接[23]。

4.2　《亲身体尝法》的互联网思维

4.2.1　亲身体尝的参与互动以及“合同思维”

互联网技术结构的平等性带来了网状结构的社群存在，“每一个消费者和生产者都是自媒体”，在亲身体尝的网络平台上充分互动。而《亲身体尝法》用街坊语言消除法的神秘、法的疏离；“戳破公司面纱”后，主要相关利益获取人以平等的有血有肉的个体参与互动。互联网技术、思维，叠加《亲身体尝法》的简单和具象，这都将极大地唤起普通民众参与的法感情。

富勒所称的“共享目的之协作表达”，米歇尔·布莱特曼(Michael Bratman)提出的“共享的合作行为”(shared cooperative activity，SCA)的实践，在互联网思维下的《亲身体尝法》的平台上将充分勾兑。

> 富勒将“互惠性纽带”取代传统的“契约之锁”而成为“秩序黄金律”。
>
> 富勒说法律是一项事业，其理论目的实质上是要强调，分析实证主义法学由于忽略了“社会维度”因而看不到在立法者与公民之间存在的互动过程，富勒认为这种互动恰恰是法律本身的一项基本要素。
>
> 因此，只能在手段与目的互动的模糊地带里集思广益，努力发现尽可能多的一致意见(只要事情的性质允许)，这正是共享目的之协作表达(the collaborative articulation of shared purposes)的过程。这一过程中有一种精神叫磋商精神，反映了理性主体的自由磋商与达成共识，这其实就是萨默斯所总结的富勒的“合同思维”[24]。

通过《亲身体尝法》的网络平台，我们通过个体对个体的网状平等结构，有可能恢复理性和道德复合的整全个体的自由表达和共识形成。“共享的合作行为”，不仅是法官和律师的，也是参与法律的各当事人的，在亲身体尝平台上，更是民众的具体行动，包括所有消费者和生产者。

> 一个对该种实践的一般性的哲学解释已经由米歇尔·布莱特曼(Michael Bratman)提出，他界定了一类被他称为“共享的合作行为”(shared cooperative activity, SCA)的实践。SCA 就是我们一起做事情——一起散步，一起建造一座房子，一起唱二重唱等都是 SCA 的例子。
>
> 布莱特曼写道：“共享的意图，作为我所理解的，不是我头脑中的那个态度。它不是某些装有保险的参与者的头脑中的那个态度，因为并不存在那样一个头脑；并且它也不是参与者任何一个或两个头脑中的那个态度。相反，它是那样一个事件的状态，该事件主要是由参与者的态度(这些态度本身没有一个是共享的意图)和这些态度之间的相互关系所组成的。”
>
> 组成共享意图的相互回应的具体形式对于我的目的来说并不重要。然而，重要的是该共享意图在我们的实践生活中通过帮助协同我们的有目的的行为、协同我们的计划以及构建相应的谈判而起作用。在后者，我们共享的意图将试图提供一个基础框架，该框架在我们之间构建起一个关于如何进行协同行为的相应的谈判。换句话说，当我们共同参与 SCA 时，我们必须共享着一个意图，该意图汇聚成一个共同的目标——尽管我们这样做的原因和动机非常不同。我们的共享意图的内容是很不详细和具体的，实际上它是在我们所进行的行为的过程中而逐渐详细和具体起来的。

> 并且，共同行为需要一个持续的“付出和获得”(give and take)过程，要求我们不断地增加具体行为。这样，我们以一种具体的方式(即在一种具体的框架下)与他人进行谈判或协商。该框架本身产生出那些被确认为合适或好的原因的参数，等等[25]。

套用莫里森对富勒的评价，互联网思维下《亲身体尝法》实际上发展了一种自由主义的法律与社会进步说，这一法律平台对“人类的目的是什么”这一问题采取不可知论的方法；尽管我们踏上了现代的旅程，但我们不能知道最后的结果。目标就是美德“己所不欲，勿施于人”，我们的事业将致力于美德“己所不欲，勿施于人”，但我们并不知道这整体上包含什么。相反，我们必须保持“互动”渠道的畅通。我们的任务不是按照我们所认知的与人性的某种自然一致性来安排法律，而是按照社会改善的不懈努力来安排法律[26]。

4.2.2 “人民战争”的汪洋大海—草根的碎片—信誉

人人都是自媒体，个体信息传播和获取方式(包括信息内容自身)都进入了“碎片化”时代[27]。而包括脸书在内社群中的碎片化信息和互动，恰是以前熟人社会的“闲言碎语”的恢复。互联网思维下的《亲身体尝法》平台，将是草根的碎片时间和碎片信息的汇拢，将汇成“人民战争”的汪洋大海。消费者获得“空白委任状”[28]，众筹后的力量将远远超过法官、工商执法部门。

“信息是个人行为受到监督的基础”。在一个社会中，如果一个人的行为能被一部分人群以相对低的信息成本观察到，而其他人群观察该行为的成本较高，那么，让信息成本较低的人群行使监督的权利就可以大大地节约监督成本[29]。消费者的碎片信息互动和碎片时间的接力，将使得生产者对“亲身体尝”的真实性和有效性高度重视，消费者的“评头论足”将成为生产者信誉的重要监督力量。

《亲身体尝法》将是我们这个时代网络社交的社会红利。在如此巨大的分享和扩散力下，不诚实的生产者将面临着不仅是公司品牌，也包括个人形象的“信任驱除”的风险。

> 在社交红利产生的背后，是人与人之间的“信任背书”在发生着巨大作用。不同的是，我们知道现实生活中这些信任背书发生作用，却无法汇聚到一起进行实时管理和计算。社交网络将这些散落的、看不见摸不着的决定性因素聚拢起来，累积呈现。一个细微的变化，就诞生一个时代[30]。
>
> 信任驱除。好友之间及背后的信任背书，决定了用户是否愿意追随一个账号去点击、下载、购买、讨论某个现象或事件。对于信息流动、分享、转化是如此之重要，以至于丧失信任时，起到的反作用也会更加直接和干脆：当一家企业只是生硬地在社交网络中发布信息时，人们对于这家企业、这条信息的信任尚没有来得及建立，就不会有所行动。或当企业没能实现自己的承诺、提供优质服务时，尽管信息仍在流动，但已然转变成了批评。
>
> 我们将这一现象称为“信任驱除”，分别以对广告信息的视而不见、对账号的取消关注、对信息的屏蔽、对品牌的嘲讽等现象来呈现[31]。

这或者是新的形式的“自生自发秩序”，每一个个体运用自己的有限的知识和经验，在一个平等的网状的社会结构中，自由地表达和交往。

4.2.3 亲身体尝的情境语言与大数据

《亲身体尝法》关注行动，强调“存在于行动中的延续性”的经验。它以一个被迫显身的生产者的街坊行为来叙说法，这是一种情境语言。生动、具象、透明，而不故作抽象、不折腾、不遮蔽。

> ……我们增进了两种信念，一是变化、运动、个体的善与目标都具有多样性，一是种种准则、标准与律令都是用于分析个体的、唯一的情境的智力工具……(RP，MW12：173)
>
> 从经验及有机体与周边动态环境的互动开始的道德理论，放弃了确立至善、终极的道德目的或目标的方案，而将考察在现有情境中生命体如何通过与周围环境的互动来实现——也就是说，来“建构”——善作为自己的研究对象。
>
> 正如每一个在物理上有问题的情境是唯一的一样，每一种道德情境也具有“其自身无法取代的善”。因此，“道德不是一种行为的范畴或一套像药方或烹饪大全一样被应用的原则”(RP，MW12：177)，“道德是一个持续的过程，而不是一种固有的成就”(HN，MW14：194)。[32]

《亲身体尝法》相信民众的行动，这包括生产者在亲身体尝方式和信息发布方式的竞争，包括消费者们的碎片评议和信任背书。广泛的行动将产生巨大的数据，包括查询，包括点击，包括比较，包括图片和文字。而在这基础之上产生的关联数据，将进一步帮助立法者、执法者，帮助在线的生产商、消费者进行进一步的互动。如此，正循环的、延续性的行动将带来持续的道德和市场进步。互联网思维的亲身体尝平台以其具体的行动构成情境语言的完整叙说，并只要求大数据的关联，不问因果。从另一个认识的角度，克服传统法语言的概念定义的有限，逻辑边框的有限，以及过于追求因果准确带来的狭窄。以行动对行动，以行动的关联，来实现道德和道德的评判。我们由此可能在另一个通渠上接近"实践理性"。

4.3　亲身体尝在互联网思维下的畅想

亲身体尝将是一个软件，包含电脑版和手机版。软件正在吞噬整个世界。软件定义一切[33]。

亲身体尝或者是官方，但更可能是第三方的创设[34]。

亲身体尝也注定是一个平台，是立法者、执法者、律师，更是生产者、消费者共建共享，开放的法律和商业跨界的生态体系。一经问世，即成为一个"自组织"，无形的手在点击，在发布，在互动，每一个个体都是基于自身的有限认识，为了自己的利益自利地参与。但是线上的平台和线下的市场汇拢着、累积着这些点滴的"评头论足"，有效地进行着"信任背书"，从而创造着法的社交红利。

亲身体尝将是一个二维码体验。生产者未来都将把含有自己亲身体尝的信息以二维码方式[35]发布，消费者将轻松地在购买前或者之后，手机一扫，就可以看到生产者和自己共同消费某一个产品。消费者将快捷地比较某类商品不同生产者亲身体尝的频次、信息发布的可靠性评估，获得足够的产品消费安全感，甚至得到情境中的亲近感。

亲身体尝也将是生产者及其主要相关利益获利人的“网红”实践。现有的“网红”技术与商业模式将给生产者及其主要相关利益获取人自证亲身体尝带来借鉴。

亲身体尝是一项大数据。正如前面分析的，亲身体尝平台将获得人类法律至今没有的一种新型能力：以一种关联的思维，通过对海量数据进行分析，获得产品和服务背后的道德的认知、法律的裁判。这是“开放政府数据”的一部分。

《亲身体尝法》有图有真相。“这种利他主义的渴望，来自人类经验中完全不约束自私产生的恶行”，而这种恶行必定通过画面得到彰显，并形成我们族群共同的可怕的经验。《亲身体尝法》需要“深入人心的景象”[36]。

亲身体尝也是迭代进化的法律制度。它将类似某些民法的基本原则而留有“空筐结构”，重复中反馈，细节优化，成为一个制度进化的平台。

基于互联网思维的《亲身体尝法》是相对于原有法律制度的全新设计，也将对全社会民主制度产生影响，这不是熊彼特式民主[37]，仅仅是精英给予方案选择，而是民众直接参与。亲身体尝将推动民主趋向于“人们充分进行自我统治之理想社会状态”[38]。

《亲身体尝法》将激发民众的法感情，民众在消费品维权领域获得的成就感将使他们逐渐克服被共同体疏离的感觉。

“只有当我们日常的社会经验赋予我们挑战与修正社会基本制度结构之各个方面的机会与手段时，更彻底地将社会生活从虚假需求中解放出来的努力方会取得成功。”[39]

《亲身体尝法》将使我们领悟：共同利益最终有赖于民众（包括生产者和消费者），持续参与的讨论水平。不是这部或那部法律，甚至也不是这种或那种制度，而是民众的理解力和明智判断，最终决定一个社会如何行动[40]。

注：

[1]《互联网思维——独孤九剑》，赵大伟主编，机械工业出版社，2014年，P233。

[2]《大数据时代生活、工作与思维的大变革》，[英] 维克托·迈尔-舍恩伯格肯尼思·库克耶著，浙江人民出版社，2013年，P3、P4。

[3]《法律的道德性》，[美] 富勒著，商务印书馆，2005年，P215。

[4]《美国实用工具主义法学》，[美] 罗伯特·S.萨默斯著，中国法制出版社，2010年，P69—70。

[5]《美国实用工具主义法学》，[美] 罗伯特·S.萨默斯著，中国法制出版社，2010年，P208。

[6]《论经济与社会中的法律》，[德] 马克斯·韦伯著，中国大百科全书出版社，1998年。

P61：这就是说，对某一交往行为的哪些方面所作的决定具有法律的意义，并且，在这种决定中，相关的要素以逻辑一致的方式构成了所谓的"法律关系"。

根据现在的思维模式，制度化代表了一种通过逻辑清晰、前后一致的方式和至少在理论上是完美无缺的规则体系，将所有分析得出的法律命题综合起来。这些规则可以适用于任何实际情况，以免出现法律真空。

P62：在实体和程序意义上，法律的"正式性"必须考虑到具体案件中事实所具有的一般性。这种形式主义有两种不同类型。与法律有关的可能是有形的，即可以感觉到的，这与事实的外部性有关，如一定的词语、签字或实施某些特定意义的行为等。另一种类型是通过逻辑分析来披露各种事实的法律意义，从而形成和适用高度抽象的法律概念。这一"逻辑合理"过程削弱了外部要素的意义，并缓冲了具体的形式主义的僵硬性，但是，与"实体合理性"的对立突出了，因为"实体合理性"意味着法律问题是在规范的影响下解决的，而不是通过将抽象的意义解释加以逻辑上的一般化来解决。"实体合理化"所依据的规范包括道德命令、功利的和其他实用的规则以及政治信条。所有这些都不同于外部性的形式主义及其所利用的逻辑抽象。然而，特别职业性的法律抽象研究在现代意义上只有在法律是正式的情况下才是可能的。现在流行着一种根据“感觉—数据”作出的，绝对形式主义的分类，它本身在决疑论方面是很彻底的。只有采用逻辑解释的抽象方法才有可能完成特别的制度化任务，即通过逻辑手段来进行汇集和合理化，使得具有法律效力的一些规则成为内在一致的抽象法律命题。

[7]《马克斯·韦伯的〈经济与社会〉：评论指针》，[美] 查尔斯·卡米克菲利普·戈尔斯基戴维·特鲁贝克编，上海三联书店，2014年，P31。

[8]《大师学述：富勒》，[美] 罗伯特·萨默斯著，法律出版社，2010年，P115。

[9]《法律的道路及其影响小奥利弗·温德尔·霍姆斯的遗产》，[美] 斯蒂文·J.伯顿著，北京大学出版社，2005年，P2、P330。

另参《民法基本原则解释》，徐国栋著，中国政法大学出版社，2013年。

P222：在1887年出版的《普通法》一书的开端，霍姆斯写道：“法律的生命不是逻辑，而是经验。当确定人们必须受其支配的法规时，感到的时间的必然性、流行的道德和政治理论、社会政策上公认的或无意识的直觉知识以及法官与其同胞共有的偏见，都要比演绎推理的作用大得多。法律表现了一个国家许多世纪以来的发展史，我们不能仅仅把它看成好像数学书中的一些公理和系定理。”

[10]《我的哲学的发展》，[英] 伯特兰·罗素著，商务印书馆，1982年，P21。

而维特根斯坦则表述得更为抽象：

5.133　一切演绎推理都是先天形成的。

5.134　一个基本命题不能从另一个基本命题推演出来。

5.135　从一种情况的存在无法推论出另一种完全不同的情况的存在。

5.136　没有证明这样一种推论为正确的因果联系。

5.1361　我们不能从现在的事件推出将来的事件。相信因果联系是迷信。

5.1362　意志自由在于不可能知道尚属未来的行为。仅当因果性像逻辑推论一样是一种内在的必然性，我们才能知道这些行为。——知与所知的联系是逻辑必然性的联系。

5.6　我的语言的界限意味我的世界的界限。

世界是我的世界：这表现在语言（我所唯一理解的语言）的界限就意味我的世界的界限。

《逻辑哲学论》，[奥] 维特根斯坦著，商务印书馆，1996 年，P65、P85。

[11]《民法基本原则解释》，徐国栋著，中国政法大学出版社，2013 年。

P143：法律的不合目的性、不周延性、模糊性、滞后性等局限性，起源于法律作为以语言为载体的行为规范的内在特点。

[12]《法律的生长》，[美] 本杰明·内森·卡多佐著，贵州人民出版社，2004 年。

P49：逻辑和历史，通过过去记载的智慧所提供的无数类比，轮流为实现公平和正义注入新的权宜之计。

P11：过分强调确定性，有可能使我们崇拜一种难以容忍的刻板。

[13]《法律史解释》，[美] 罗斯科·庞德著，华夏出版社，2013 年，P132。

[14] 借助互联网司法公开，可参阅《信息化时代司法公开的逻辑与进路》，王小林主编，人民法院出版社，2015 年。

电子政务、电子化管理，可参阅《政府在线：机遇和挑战》，[印度] M.P.古普塔等著，北京大学出版社，2007 年。

P7：葛特纳公司把电子政务描述为："通过运用网络和新媒体等多种技术来转变政府内外关系，以实现服务、选民参与以及管理最优化的过程。"

[15]《互联网思维——独孤九剑》，赵大伟主编，机械工业出版社，2014 年，P11、P19。

[16]《维基政府——运用互联网技术提高政府管理能力》，[美] 贝丝·西蒙·诺维克，新华出版社，2010 年，P37。

[17]《互联网思维——独孤九剑》，赵大伟主编，机械工业出版社，2014 年，P25。

[18]《大数据时代生活、工作与思维的大变革》，[英] 维克托·迈尔-舍恩伯格，肯尼思·库克耶著，浙江人民出版社，2013 年，P9、P45。

[19]《野性的思维》，[法] 克洛德·列维-斯特劳斯著，中国人民大学出版社，2006 年，中译者所序 P295。

[20]《野性的思维》，[法] 克洛德·列维-斯特劳斯著，中国人民大学出版社，2006 年，P241—242、P247、P254。

[21]《互联网思维——独孤九剑》,赵大伟主编,机械工业出版社,2014年,P42。

[22]《美国实用工具主义法学》,[美] 罗伯特·S.萨默斯著,中国法制出版社,2010年,P145。

[23]《维基政府——运用互联网技术提高政府管理能力》,[美] 贝丝·西蒙·诺维克著,新华出版社,2010年。

P142:使信息对大家可见

信息的形象化表述将群体的注意力转移到了“物质”上面——比难解的概念和抽象的数据更容易理解的陈述和表达。但是形象化也为群体一起创造信息提供了工具。群体制作复杂的形象化信息的想法值得我们进一步探讨。

IBM合作用户实验研究小组中的可视交流实验室就建立在这样的理念之上:“人类的可视知识”闪烁着关于信息的集体智慧的光芒。“千眼”(the Many Eyes)计划通过促使人们以小组或群体为单位一起观看信息的方法将可视“民主化”,从而使他们看见的东西具有实际的意义。千眼网站宣布:“我期待着这样一个神奇的时刻:一个难以操作的缺乏灵活性的信息系统正变成屏幕上的形象。而且,用户一下子就看到了一个意想不到的模型。”这一策略是正确的。也就是说,利用群体的能力去理解、合作、协调、分析前因后果并利用信息采取行动。

[24]《作为目的性事业的法律——朗·富勒的法律观研究》,王家国著,法律出版社,2012年,P28、P35、P131。

[25]《原则的实践为法律理论的实用主义方法辩护》,[美] 朱尔斯·L.科尔曼著,法律出版社,2006年,P126、128。

另参考P124:这样,协同惯习的参与者就需要周期性的确信:其他人的可观察的行为被正确地解释为是遵守了“承认性”(agreed upon)或惯习性地接受了的标准。这种必要的确信可以由内在观点在影响法官们的预期中所扮演的因果角色来提供。内在观点——被理解为是参加规范性认同能力的一种实践,表达在法官们对承认规则作为他们行为的辩护或评价基础的公众诉求之中——给了每个人一个原因来相信:某个惯习是被很好地建立起来,并且其他人将继续坚持的。

内在观点和承认规则是一个协同惯习的事实,二者都有助于解释承认规则是一个参与者的行为得到他人行为的授权的社会规则。像普通协同惯习一样,承认规则产生出一个互相依赖的和互惠的预期系统。

[26]《法理学》,[英] 韦恩・莫里森,李桂林等译,武汉大学出版社,2003年,P414。

原句:富勒实际上发展了一种自由主义的法律与社会进步说,这一学说对"人类的目的是什么"这一问题采取不可知论的方法;尽管我们踏上了现代的旅程,但我们不能知道最后的结果。目标就是美德,我们的事业将致力于美德,但我们并不知道这整体上包含什么。相反,我们必须保持"交往"渠道的畅通。我们的任务不是按照我们所认知的与人性的某种自然一致性来安排法律,而是按照社会改善的不懈努力来安排法律。

[27] 参阅《O2O 移动互联网时代的商业革命》,张波著,机械工业出版社,2013 年。

P166:碎片化的 O2O

所谓"碎片化",英文为 fragmentation,愿意为完整的东西破碎成诸多碎片。

P167:随着自媒体时代的到来,由普通大众经由移动互联网技术与全球知识体系相连之后,一种开始理解普通大众如何提供与分享他们本身事实、他们本身新闻的自媒体途径已经出现,个人微博、个人日志、个人主页等自媒体手段为个体提供信息生产、积累、共享、传播内容兼具私密性和公开性的信息传播方式。目前,个体信息传播和获取方式进入了"碎片化"模式,从而导致个体行为出现了"碎片化",比如阅读。

[28] 见本书 1.2.1

[29]《信息、信任与法律》,张维迎著,三联书店,2006 年,P205。

P14:在大量的交易活动中,信任是靠信誉机制维持的(Macauley,1963; Ellickson, 1991; Greif, 1993)。基于信誉的信任,简单地说,就是基于长期合作关系而建立起来的信任(Kreps et al,1982)。

P15:信誉发挥作用的条件是:

第一,交易必须是重复的、长期的交易关系。一次交易不可能产生信誉。

第二,当事人要有足够的耐心。没有耐心的人不可能有长期行为,所以,你是没法信任他的。

第三,信息传输的速度要足够的快,也就是说不合作的行为能够被很快地发现。如果不守信的行为不能被及时发现并广为人知,当事人就不会有建立信誉的积极性(Kandori,1992)

第四,受害的一方有积极性和可能性对不讲信用的企业、个人实施惩罚。

P42：现在社会被称为“匿名社会”(anonymous society)，与乡村社会不同，居民的流动性大，交易双方通常并不认识，相互之间也缺少如乡村社会中存在的其他制约关系，使得受害人的惩罚措施受到很大限制；开放的社会也使得人们较不在乎闲言碎语的议论。凡此种种，使得传统的以个人为基础的信誉机制失灵。

人类学家的研究表明，在乡村社会，“闲言碎语”(gossip)是储存和传播信息的主要手段，对维持信誉机制具有关键的作用(Merry，1984)

P303：有效的交易设施和信息传递系统。在传统的乡村社会里，人们之间的信任机制可能还是通过闲言碎语(Merry，1984)起作用。但现代社会被称为“匿名社会”，很多交往是在陌生人之间进行，传统社会里起作用的信誉机制这时难以发挥；甚至在熟人之间，有关个人的许多信息仍不为别人所知。要弥补这种更为严重的信息不对称带来的信任危机，需要靠便利的交易设施、发达的信息传递技术以及发达的中介组织。

[30]《社交红利》，徐志斌著，北京联合出版公司，2014年，P3。

P21：信息在关系链中流动，社交红利＝信息×关系链×互动。

[31]《社交红利》，徐志斌著，北京联合出版公司，2014年，P13。

[32]《杜威》，[美]罗伯特·B.塔利斯著，中华书局，2014年，P103、P105。

另参P68：“换句话说，经验就是同时进行的行为和经历的统一体。”(MW10：9)经验包含了同时进行的行为与经历这一点表明，经验是一个连续的过程。更准确地说，经验是生命与共同环境中的其他要素之间进行互动的连续过程。

P69：(1) 在正统的观点中，经验首先是一种认识事件。但如果不以老眼光来看，它无疑就表现为生命体与物理环境及社会环境之间的交流。(MW10：6)

[33]语出马克·安德森(Marc Andreessen)，转引自《数字化时代的十大商业趋势》，朱晓明等著，上海交通大学出版社，P105。

P106：安德森大概也没有想到仅仅两三年后，软件不仅“吞噬了整个世界”，而且已演变为“软件定义一切”。

P110：软件对行业的渗透是全方位的。无论是制造业还是服务业，无论是传统行业还是新兴行业，软件都在发挥着重塑的作用。全球性的软件主导趋势在众多行业中出现。

在生产制造领域，软件的作用进一步深化。软件系统在交通控制、汽车行驶、工业过程控制、关键基础设施控制（电力、灌溉网络、通信系统）、机器人、防御系统等诸多领域展开应用。

[34]《公共服务中的伙伴——现代福利国家中政府与非营利组织的关系》，[美] 莱斯特·M.萨拉蒙著，商务印书馆，2008 年。

P256：在过去的 20 年中，在世界上的每个地方，在组织化的志愿活动中，在私人的、非营利的或非政府的组织的形成和日益增加的行动主义中，非营利部门得到了令人吃惊的增长。在北美、欧洲和亚洲的发达国家，在亚洲、非洲和拉丁美洲的发展中社会以及前苏联，人们也在组成协会、基金会和其他相似的机构来提供公共服务，促进发展，防止环境恶化，保护公民权利，以及实现许多其他的目标。

事实上，现在正在全球范围内进行一场真正的“结社革命”(associational revolution)，正如 19 世纪后期民族——国家的兴起一样，这场“结社革命”形成了 20 世纪后期重要的社会和政治发展现象。

[35]《O2O 移动互联网时代的商业革命》，张波著，机械工业出版社，2013 年。

P11：现在可以定义 O2O 为：O2O 就是在移动互联网时代，生活消费领域通过线上（虚拟世界）和线下（现实世界）互动的一种新型商业模式。

用一句话简单定义 O2O：O2O 就是生活消费领域中虚实互动的新商业模式。

P23：什么是二维码

二维码是用某种特定的几何图形按一定规律在平面（二维方向上）分布的黑白相间的图形记录数据符号信息的；在代码编制上巧妙地利用构成计算机内部逻辑基础的比特流（由 0、1 构成）的概念，使用若干个与二进制相对应的几何形体来表示文字数值信息，通过图像输入设备或光电扫描设备自动识读以实现信息自动处理。

[36] 德肖维茨对于人类经验与图像的关联的论述是极有见地的。参《你的权利从哪里来》，[美] 艾伦·德肖维茨著，北京大学出版社，2014 年。

P159：在这场辩论背后，潜伏着几个深入人心的景象：圣女贞德(Joan of Arc)被烧死在火柱上、伽利略(Galileo Galilei)被软禁并被迫放弃太阳中心说、犹太人被赶出西班牙与英格兰、耶稣被钉上十字架。这些可怕的经验形成共识：每个人都有选择特定宗教或不选择宗教的权利，并无须因此惧怕受到国家的迫害或歧视。这些经验也影响了关于区隔之墙究竟该有多高的辩论。

[37]《英国与美国的公法与民主》,[英] 保罗·P.克罗格著,中国人民大学出版社,2008 年。

P59:熊彼特的分析为精英主义理论家与行为主义者的推理提供了宽泛的正当性框架。这是一种"自上而下的"民主观念。由人民进行选择,但随后由政府进行统治。政治领导者设计提供给选民一揽子方案。正是他们赋予了到那时为止尚潜在之特殊利益集团的要求以生命。选民意志是以类似于商品生产的方式制造出来的。

[38] 同[37],P63。

[39] 同[37],P309,引语自昂格尔。

[40] 此段系仿写,原文见《美国 1787 年〈宪法〉讲疏》,[美] 阿纳斯塔普罗著,华夏出版社,2012 年。

P121:本国的共同利益最终并不取决于总统选举的模式,也不取决于此时此地谁碰巧会成为总统,而且事实上也不取决于宪法关于各种情况到底说了些什么。相反,共同利益最终有赖于美国人民持续参与的讨论之水平。人民参与的这种讨论以及人民容许和发扬的行为,取决于美国人民的品性。这种品性反过来又是由人民所参与的这种讨论来塑造和传承的。

我们所依靠的,正是这种持续存在的全国性讨论。

P13:请大家谨记于心,不是这部或那部法律,甚至也不是这种或那种制度,而是——至少在自由民主制中——人民的理解力和明智判断,最终决定了一个国家如何行动。

第五章　良心发现的成本与行动中的良心

王阳明对陈九川说："尔那一点良知，是尔自家底准则。尔意念着处，他是便知是，非便知非，更瞒他一些不得"（《全书》三，P74）。

又说："食味之美恶必待入口而后知，岂有不待入口而已先知食味之美恶者邪？""路岐之险夷，必待身亲履历而后知，岂有不待身亲履历而已先知路岐之险夷者邪？"（《答顾东桥书》，《全书》二，P53）[1]

5.1　良心发现的成本

5.1.1　交易中良心发现的成本

在交易中，发现交易对手的良心如同发现交易价格，是有成本的。良心发现是个别交易成本的一部分，也是社会成本的组成。《亲身体尝法》可以帮助消费者"简单、透明"地发现生产者的"诚实信用"，并通过降低相关法知识学习和使用的成本来降低整体社会"良心发现"的成本。

> 建立企业是有利可图的主要原因似乎是，利用价格机制是有成本的。通过价格机制“组织”生产活动的最明显的成本就是发现相关价格的成本。随着出售这类信息的专业人员的出现，这种成本可能减少，但却不能消除。市场中发生的每一笔交易的谈判费用和签约费用也必加以考虑[2]。

正如科斯所号召的，“让我们的研究具有正的交易成本的世界”，而不是“黑板经济学”[3]。在现实的社会中，人们在个别交易中都关注着对手的履约的诚信，而这一“良心”发现的经验和知识显然是要在长期的交易中积累，具有成本。

良心发现的成本渗透在日常交易之中，也就是我们平时所说的，先做人，再做生意。它成为民法典的基本原则组成，“诚实信用”也是商法典的“非良心性”条款（起草者鲁埃林认为是美国统一商法典中最有价值的规定）。

> 在美国统一商法典中被认为最为招人议论的规定 2－302 条第一项规定如下：“(1) 作为法律问题，当法院认定契约或契约中的任何条款在缔结契约时是非良心的场合下，法院有权拒绝赋予该契约以拘束力，或者赋予已除去非良心部分的契约余部的拘束力，或者为回避非良心的后果而限制适用非良心的条款”[4]。

法律是社会发现良心的规模经营，是保证诚信的共同合作，是协助降低个别交易的“良心发现”成本的一个手段，以消除摩擦、防止浪费。

> 许多商品交换的制度，无论是原始的，还是如今技术上日新月异的贸易方式，都是以个人之间的高度信赖为基础的。而且，随着商品交易变得越来越重要，在法律上就很有必要保障这种诚信的关系[5]。
>
> 法律秩序是社会控制程序的一个方面。我们有充分的理由将其视为社会工程的一项任务或一系列任务，将其视为在用相对有限的现存物质商品尽可能地满足无限的人类欲望过程中消除摩擦、防止浪费的手段[6]。

法自身也是有成本的。除了社会总体的支出由纳税人分担之外，个别人使用法也是有成本的，这就是个别交易中的法的成本，包括学习法的知识，运用法的费用。因此，法可以协助降低个别交易的"良心发现"成本，但自身也会再次成为市场主体的交易成本。并因为法的日益复杂，法的成本成为市场交易主体谈判、博弈中的重要组成，成为价格发现机制的一部分。

《亲身体尝法》试图回到一种相对简单的街坊行为的情境中，使普通消费者发现生产者的良心成为可能，并叠加互联网思维，降低法在交易中的成本。《亲身体尝法》试图回到一个草创社会的法的单纯性中。"单纯地把法律看作对个人良心的指导。个人的意志是不能被强迫的。每个人的良心是紧要行动关头时对是非的最后仲裁者。可是由于所有的人的良心并不是都是开明的，所以法律才适于促使人们去考虑，告诉他们其他人对这一点和那一点是怎样考虑的，并对那些在自己的良心上犹豫不定的人提供指导。"[7]

《亲身体尝法》是一种制度安排，试图降低消费者和社会"发现良心"的成本。

5.1.2 公司的信誉、匿名和遮蔽

法律是帮助人们在交易中降低良心发现的成本的制度建设，这包括公司制度、契约制度等。

公司有可能在公司信誉的平台上，降低个别交易中的良心发现成本，建立规模效应。通过公司信誉的长期建立和维护，可以帮助实现公司的产品销售的增长，提高利润、资本效率。但是，对外降低交易中的良心发现成本和对内的利润目标，这两者存在冲突的风险。

正如本书2.1.2所言，“公司人格加大了匿名社会的扩展”，在道德方面，公司追求资本效率目标的优先有可能造成主要相关利益获取人的道德角色分离。整体社会因资本流动性而有可能丧失道德的个人附着，存在“道德流动与漂浮”。现有的公司制度加大了责任碎片化、责任匿名化的趋势，公司也有保护“自己人”的企图以维持公司自己的忠诚文化。如此，消费者无法获知生产者最终幕后的自然人的诚信信息，比如他们是否可能仅仅为了赚钱，生产了东西，自己不消费，却卖给了其他人。

为了追求利润，公司会存在对消费者加大信息不对称的潜在可能，夸大有利于销售的信息，掩盖不利于销售的信息。公司利用自己对产品的知识的优越地位，选择性地告知消费者，或者把重要信息通过专业语言的陈述淹没在复杂的说明书中。

公司也会利用自己的资金优势，加大对法的成本投入，利用法知识的复杂和专业来占据有利的交易位置，比如格式合同。

这些都是公司制度在“良心发现”中的匿名遮蔽、产品知识遮蔽以及法知识的遮蔽。它使得普通消费者增加了对生产者诚信发

现的成本和困难，这造成了大多数普通消费者面对生产者的“面纱”的沮丧感。

5.1.3 广告“制造非理性认可”

公司可以用广告转移人们在交易中良心发现失败的沮丧感。公司并不利用广告来传递专门产品的知识，并不传递生产者的诚实信用的实际状况，而是渲染时尚，制造诱惑，制造期待[8]。

公司利用营销的专业知识和公司的资金优势，针对人性的弱点，制造非理性认可。

> 制造非理性认可。广告效应刺激了疯狂的消费行为，这是使人们保持现有状态的显见手段。乔姆斯基说，在市场经济中，信息丰富的广告内容可以带来理性决策，但目前的广告并不传递任何信息，导致了消费者的非理性选择。此处乔姆斯基所指并不仅仅包括汽车、肥皂这种重工业产品和日常生活用品，也包括候选人的选举活动[9]。

广告和营销是“伪阳光”，并不照射真实的世界，它试图遮蔽真相。它与知识的认知功能相向而驰，它试图利用心理学、人类行为学、社会学、文化等知识来认识人性并据此操控消费者[10]。干扰消费者的学习能力。使客观质量的学习和探究让位于感知质量[11]的心理影响。

超真实。“现代广告的特征之一是它创造了一种称为超真实的情境。超真实指将初始虚拟的或者假设变为真实的过程。”[12]“广告艺术主要在于创造非真非伪的劝导性陈述”[13]。植入广告[14]以及柔性广告是这个超真实的情境的高峰，它们试图模糊电影、广告和现实的界限。

“广告既不让人去理解，也不让人去学习，而是让人去希望，在此意义上，它是一种预言性话语。”[15]

广告伪造了消费总体性，“它参照的并非某些真实的物品、某个真实的世界或某个参照物，而是让一个符号参照另一个符号，一件物品参照另一件物品，一个消费者参照另一个消费者。”[16]“在今天的消费过程中，没有人处于纯粹和孤立的商品购买和使用关系中，消费即是地位和身份的有序编码，这种编码同时就是阶层区划。”这也就是消费集群[17]。

利用人性，操控消费者。营销与广告人士研究马斯洛和赫兹伯格，是为了“解释激发人们购买的动机类型”[18]。他们研究巴甫洛夫的经典性条件反射，“研究包括饥渴、口渴、性唤起以及其他基本内驱力的视觉和嗅觉线索”，是为了让这些线索和诸如品牌之类的条件刺激相匹配[19]。他们研究认知学习理论，利用“无意识的程序性知识”，来转移我们对产品客观质量的学习和了解，例如，让有诱惑力的车模来影响男性对汽车特性的评价[20]。他们利用本我的理论来窥探我们的“动物”需要，利用我们的多种感官、幻想和情绪，煽动享乐主义消费[21]。他们甚至在研究所谓的“神经营销”，来测量“消费者对电影预告片、汽车精选、漂亮脸蛋的吸引和对特定品牌忠诚的反应”[22]。

“在已经被应用到市场中的所有人格概念中，自我意识也许已提供了最一致的结果，还有应用到商业公司的需求上的最大前景。”[23]。广告和营销创造了商品世界中消费者的“自我意识”[24]，一个消费者对某个物品的依恋可以达到要靠这一物品来维持自我概念的程度[25]。并通过铺天盖地的传播，试图在消费者的头脑里给产品定位[26]：这就是你所消费的[27]。公司利用金钱的优势，对消费者狂轰滥炸，水滴石穿，“在无限的重复之中成为人们下意识心理结构中的支配性筑模力量。”[28]我们处在“消费”控制着整个生活的境地。[29]

本书试提出两个尖锐的问题：

(1) 玩具商及其广告商会让自己的孩子收看儿童节目频道中的广告吗？

> 7岁以下的儿童还不具备作出适当的购买决定的能力，他们也不能区分现实世界和广告世界的差异。糖分过多、多种颜色的麦松饼广告，往往令孩子相信健康的早餐就是吃这种食品。玩具娃娃的胃部是活动的，打开后里面放一个小婴儿，可以玩“怀孕”。这种玩具使孩子相信，生小孩就是把胃打开，把婴儿掏出来。动作片中的人物手里拿着枪，他们给孩子的启示是，拿起武器是解决争执的最好方式[30]。

(2) 电子游戏的开发者和供应商会让自己的孩子玩游戏吗？玩什么游戏？玩游戏的频率是多少？

5.1.4　亲身体尝将是广告和营销的一个方向性转换

在这个“传播过度的社会”[31]，亲身体尝将是真实的信息披露，可以影响广告和营销的影响力的路向。亲身体尝将成为广告和营销的一个方向性转换：从非真非伪的超情境中的产品定位，到真实的日常情境里的邻人定位；从众多消费品的文化符号编码中建立的“消费总体性”，到邻里生活信任与平等中塑造“人的总体性”。

亲身体尝将打破非真非伪的超情境，那“光怪陆离的广告所制造出来的符号价值的幻境”，也即“伪性构境”[32]。它将展示的是日常消费的情境：生产者的实际日常需要，实际日用消费。生产者摆脱自己产品的营销包装的影响，摆脱自己产品广告的潜意识的控制，他对于自己产品甚至竞争对手的客观质量了如指掌，他会对自己的产品进行理性消费，包括是否消费和消费多少。这些信息都将有力地帮助“又弱又愚”的消费者。生产者的定位是消费者的“邻人”，它将生产者和广大消费者拉近在同一个马斯洛的需求层次：至少是生存、安全以及尊敬的需求。生产者从自己产品使用中获得的日常喜悦，将传递给消费者并交互作用，而不再通过是对消费者潜意识的操控来挖掘喜悦。生产者通过亲身体尝，更多是建立了安全与质量意识的“条件反射”，这将是日常的提醒。

亲身体尝将击碎文化符号编码中建立的“消费总体性”。我们或许可以看到，不同的亿万富翁（包括公司的主要股东、管理层和代言名人）在日常生活中亲身体尝各个品牌线的产品，让普通消费者体会生产者的“亲民”。借助于“滴入理论”[33]的分析，这些真实的邻里影响，给消费者选择[34]多了一个值得信赖的来源，也将有可能拉近品牌的等级。生产者也不需要借助公司之壳来进行多面的角色扮演，生产者和消费者都在一个舞台，一个真实的生活剧场。亲身体尝将可能使我们这个消费社会摆脱消费品之间的欲望链接，而建立邻人与邻人的信任链接。摆脱或者部分摆脱消费社会的文化编码等级影响，驱除营销创造的虚幻的“我”，消费者才可能探索自己的真实需要，建立较少依赖于商品的“自我意识”。生产者则通过亲身体尝，在商品交换中呈现“整体人格”，而不是一个精明的“伪装者”。如此，亲身体尝将在邻里生活的信任与平等中塑造“人的总体性”。

5.1.5　跨国公司的产品标准差异与形象误导

在公司制度中，跨国公司更是在交易中对“良心发现”制造最大障碍和遮蔽的推手。

我们在 2.1.4 中揭示，“跨国公司的制度将回避个人角色的内心冲突”。此外，跨国公司更利用自己的跨国经营的“高大上”形象来隐蔽其不同区域、国别的产品标准差异，这是一个广告和营销策略对普通消费者的误导。

《亲身体尝法》将戳穿公司的面纱。未来，跨国公司在《亲身体尝法》之下，将不得不回答：

谁将亲身体尝？是母国的资本控制者？还是母国的高层管理人员？是产品销售所在国的高层管理人员？还是合资的所在国的投资者？

使用什么产品？是母国的产品？还是在产品销售所在国低就标准而生产的产品？

这些问题似乎是《亲身体尝法》的难点，但《亲身体尝法》的设计却把这个难题交还给了跨国公司。任何一个组合的方案，只要公诸于世，就会击碎跨国公司产品品牌的光环，揭开跨国公司产品标准上的区域、国别差异。每一个不同区域、国家的消费者都可以平等地面对一个具体的有血有肉的自然人[35]，而不是一个虚拟的跨国人。

而作为一个道德角色不再分裂的自然人，在公司决策中，将不会回避选择：为了短期利润而在制造中低就标准，还是“为了传递更好、更安全、更健康的产品给世界各国人民”的跨国企业责任？“跨国企业应该通过公布有关资料、正确标记和准确宣传来确保消费者的安全和健康”[36]。

实际上，公司降低消费者良心发现的成本，也就是袒露自己的诚实信用原则，维护自己的长期商誉。长期而言，长期的商誉和资本的长期收益回报的目标是一致的。“等距地对待不同市场的顾客群及其需求”[37]。

5.2 从效率到良心

5.2.1 《亲身体尝法》是一种良心发现机制

5.2.1.1 除了比价，还要比良心

《亲身体尝法》是一种良心发现机制。消费者可以发现公司面纱后面的主要相关利益获取人的诚信。在未来的淘宝、京东、亚马逊等商品网站，除了商品价格、功能、好评之外的比较外，还有一个商家“亲身体尝”的比较：亲身体尝方式是否合理、频次、展示的可信度等。

除了比价，还要比良心。

正如侵权行为法，《亲身体尝法》也类似于关注：减少事故成本所达到的水平和如此做所需花费的成本费用[38]。

《亲身体尝法》的实施将获得巨大的道德红利。信誉的监督可以实现，公司的长期信誉在个人承担的基础上得到进一步保证，市场有可能进入良性竞争，摆脱单纯比价的状况。

在自然人维护自己长期的声誉的努力中，我们可以看到公司

信誉维护将克服短期化行为。“戳破公司面纱”后，自然人将努力实现自己家庭、社区、公司、社会中的道德角色的人格统一，公司的道德将有稳固的个人附着。

消费者将获得评头论足的权利，有“积极性和可能性”[39]对潜在不讲信用的企业、个人进行评议，并在社交化的《亲身体尝法》平台上放大。他们获得的“空白委任状”不亚于法官。

在亲身体尝的平台上，生产者和消费者将分享“善”的经验，维护彼此共通的利益和观念。

> 从个体的立场上看，它表现为共享形成和引导人们所归属的群体之行为的能力，以及根据群体所坚持的价值的需要所进行的参与。从群体的立场上来看，它要求解放群体成员的潜能以适应他们的共同利益和善[40]。

生产者也将在竞争中摆脱“劣币驱逐良币”，摆脱单纯比价的“柠檬市场”。

> 由于“柠檬市场”效应的存在，使得在信息不对称的情况下，优质农产品会遭受淘汰，而劣等品会逐渐占领市场，取代好的产品。在这种优汰劣胜的恶性竞争中，显然卖方比买方拥有更多的信息，两者之间的信息是非对称的。买方不会信任卖者的措辞，即使卖方说得天花乱坠。买方唯一的办法就是压低价格以弥补信息不对称带来的风险损失。买方过低的价格也使得卖方不愿意提供高质量的产品。从而使低质量产品充斥市场，优质品被逐出市场，最终导致市场萎缩[41]。

5.2.1.2 《亲身体尝法》与环保

在成本角度,《亲身体尝法》试图使用简单的街坊行为语言来克服产品的专业规格描述和法律专业语言对于普通消费者的隔阂,可以降低法的成本。并可以充分利用互联网平台,将个人的碎片时间、碎片评议凝聚在社交化的平台上,形成社会力量。

从公司角度的成本而言,《亲身体尝法》希望只是广告支出结构的变化,而不是支出的整体增加。

《亲身体尝法》的实施,有助于产品主要相关利益获取人的人格统一,这也将大大有益于环境保护的千秋大业[42]。大众、三菱等汽车公司的排污造假,其生成,其隐蔽,即在于各当事人都躲在公司堡垒的背后。亲身体尝将使部分"漂绿"的算计者暴露其角色的分裂。

当一个生产者、代言名人在亲身体尝对外公示中频繁地更换自己的消费产品(升级换代)时,"商品有计划地陈腐化政策"也就暴露了出来。作为一个在社区和广大社会标榜环保的这些人士,就不得不考虑自己在环保问题上的"言行一致"。这也将可能适度制约经营者的下述经营行为:"有计划地频繁改变同一种商品的款式或型号,使现有商品加速成为非流行款式"[43]。这将大大有利于资源的有效利用,不产生过度的浪费。"保护自然系统需要改变消费模式,使其与社会使用自然资源效率方面的稳定改进相一致。首先需要的是减少消费水平。""在商品市场的需求方,增长是靠人类的欲望来刺激的,并通过数十亿计的广告工业来强化人类的欲望,使人类的欲望远离了原罪的'自然'禀赋"[44]。

5.2.1.3 《亲身体尝法》的情境语言

《亲身体尝法》的公示语言和公司传统的广告语言,是两种不同的情境语言。亲身体尝是生产者向消费者的屈就,传递安全的亲切;而广告是一种压迫,是生产者主导创造的消费欲望。《亲身体尝法》是将公司的部分广告支出,从制造"非理性定位认可",转移到亲身体尝信息的发布,这将有效地调整广告信息的供给侧,调整优化信息内容的结构。《亲身体尝法》需要"深入人心的景象",需要互联网时代的"有图有真相"。《亲身体尝法》将部分地替代营销学中"炫耀"性消费理念下的场景画面。它传递给消费者的是生产者作为自然人的真实的消费状态。

5.2.2　历史性

有关法律与时俱进的观念,在古希腊是通过这样的神话来表述的:

> 荷马说,米诺斯每隔九年与宙斯相会,并跟他交谈,米诺斯定期去向宙斯求教——宙斯俨然是个智者[45]。

而在资本主义的发展时代,9 年变成了 19 年的有效期。

> 1789 年,杰弗逊在致麦迪逊的信中说,地球的"用权益属于生者",因此,每一部宪法与法律的自然有效期都不应超过 19 年,如果它的有效期延长了,那它的实施所凭靠的就是强力而不是正义。后来,在论及法律须得到被统治者同意的政治原则时,他还指出,法律的约束力来自人们的同意,每一代人都应作出新的同意,只有对每一项法律规则的同意都作出了这样的更新,有关的法律规则才不会成为一种强制性的负担[46]。

在历史性的法律视野中，中国自改革开放以来的法律实践和理论，偏重于财富效率和鼓励个人主义，偏弱于集体主义和良心倡议。

近一段时期，不少学者和实务工作者以为，“正义的第二种含义——也许是最普遍的含义——是效率”，“以利他主义为逻辑前提的道德化社会责任制度，必然与人性恶推导出的作为民商法体系基础的个人主义方法论相抵牾”，“财富最大化也许是实现各种道德目的的最直接的路径”[47]。

一方面，社会进步需要阶段性的个人主义的高歌和市场对于计划的瓦解；另一方面，我们也许忽略了西方法律在效率与良心两个方向间的平衡。

在83岁生日的第二天，杰罗米·边沁在自己的备忘录里写下了这样的话：仁者中最大的仁者；仁慈乃其抱负之目标，抱负之器具。它别无尽头，除却天地之边际[48]。在匿名化的时代，我们可以看到西方法律人紧张中的不断提问，“在一个相互依赖的世界上，谁是我的邻居？”[49]

“用以提高非经济目标的法律措施可以同时增加社会的总体福利”，另外，以社会为导向的观念，比如信任、互惠和忠诚，“在促进私人交易的有效率的结果中起着重要的作用”[50]。

《亲身体尝法》就是在效率和良心之间，“改善选择的条件和甄别最满意的选择机制”[51]。

《亲身体尝法》公然展示了斯密的矛盾，取消了“经济理性人”的独一假设，经济理性并不能有效地、令人满意地完成法律的所有使命。

在当今时代，经常发现一些理论家宣称一些条款诸如205条是以经济原则为其理性基础的，至少在善意履行层面是这样。“善意”的构成要件被认为是通过降低合同成本，包括搜集信息以确定合同对象的成本、谈判和起草合同的成本等来提高经济效率。“善意”原则使得当事人依靠法律降低成本，从而达到提高经济效率的目的。“经济理性人”将在法律的空白处替代“善意”的作用。下面，对这种论调作出回应。第一，这只是空中楼阁。因为历史已经证明了经济理性是不受厚爱的。第二，其他的理性，包括善意履行在内，很大程度上就是道德性的，而且包含了“履行契约义务”的原则。我们认为这些原则就是205条理性基础的一部分，但是他们并没有冲淡条文本身的作用。善意履行理论的重要功能之一便是实现交易目的及其默示的内在要求。实际上，“因为合同潜在的不明确性和不完整性使得善意成为每个合同的默示条款”。第三，在任何案例中，即便考虑到善意履行的义务，经济理性也只是个例外。我们确实不知道对这项义务的界定是否符合经济效率原则，单是仅仅运行如此庞大的法律体系来合计这样一个理论就够花大钱的了。最终说明这个理论是不符合经济效率原则的，或者说并不是非常符合，因此，所谓“经济原则是205条理性基础”的观点不过是一棵脆弱的芦苇。第四，法律理性基础的基本功能之一就是按照事实和法律为特定案件的判决指引方向。然而，经济理性并不能有效地、令人满意地完成这一使命[52]。

《亲身体尝法》要求，如果算计，也必须把良心算计在内。

《亲身体尝法》不是否定效率，否定追逐利润，而只是瓦解了效率的唯一目标性，但是它的实践将完全平伏了“把理性等同于自利最大化”[53]的理论自负。

《亲身体尝法》体现了进入21世纪的中国对于商业诚信缺失的极大痛苦所带来的良心呼唤。

> 我们无法在一个价值观因冲突与侵损而泯灭的疯狂竞争的社会中使人类的能力得到最大限度的发展。但是，我们必须要有某种人类活动的秩序来限制人类行为，规定个人的职责，以保护现存价值观，推动新价值观的产生[54]。

《亲身体尝法》呼唤社会对于更宽广的整体的人的目标追求。

> 首先，我们必须区别一个人的“福利方面”与“主观能动方面”。前者所涵盖的是与他的个人利益有关的个人成就和机会。后者所涉及的范围更为宽泛，是以其他目标和价值来衡量的成就与机会，甚至可能超越对一个人个人福利的追求。
>
> 在经济学的发展历程中，由于人们只看到斯密在其《国富论》中论述资本主义生产关系，重视经济人的谋利心理和行为，强调“自利”，却相对忽略了其在《道德情操论》中所重视的社会人的伦理、心理、法律和道德情操，从而曲解、误读了亚当·斯密学说[55]。

《亲身体尝法》试图折中斯密的问题，历史性地、部分地从效率转向良心。从历史角度审视，是继“从平等到效率”之后又一个重要的转折。

《亲身体尝法》从衡平的角度,试图“启发当事人的良心”[56]。

5.2.3 冲突,法间性,中庸

效率和良心,个人主义和集体义务[57],在历史的这个时刻,在局部有其冲突。

马克思说,“利益冲突是现代历史的动力”。“思想一旦离开利益,就一定会使自己出丑。”利益冲突是社会前进的催化剂,正是由于利益冲突的存在,才推动了人类社会不断地向前发展。“冲突本身并不会被彻底根除,冲突实际上会产生许多能使人类生活更具有实际意义的东西。没有冲突,社会就会呆滞,就会灭亡。”

美国社会科学家科塞认为:“冲突经常充当社会关系的整合器。通过冲突,互相发泄敌意和发表不同的意见,可以维护多元利益关系的作用。冲突还是一个激发器,它激发新的规范、规则和制度的建立,从而充当了利益双方社会化的代理者。”[58]

正是在各种利益的角力和代言中,效率和良心讨价还价并妥协。“妥协的意思就是用这样一个规范解决冲突,它既不完全符合一方的利益,但也并不完全违背另一方的利益”,“妥协不是披上伪装的有条件的投降,它的过程是积极的,因为促进了参与各方的兴致。”[59]

《亲身体尝法》就是良心的代言,作为一个法律平台,侧重良心的发现,倡导生产者的诚信。但它只是一个时代实践和理论的纠偏,它与倡导偏重效率的其他法律一起构成我们的法律生活的整体,也就是所谓的法间性(interlegality)[60]。

《亲身体尝法》展示的是合作主义视角的画面,然而,它与斯大林式的集体主义有着本质的差别，它同时尊重个人主义及其法律视角。

> 如果合作还不是全部内容的话，那么，它也是全部内容里很大一部分。但是我愿意设想，承认合作在各方面重新加以强调，是走向某种理想的一个步骤，这种理想在包括自由、自发的个人主动精神的同时也包括人类有组织的努力；而且我似乎看到这一理想就寓于文明的观念之中。
>
> 一种文明的理想，一种把人类力量扩展到尽可能最高程度的思想，一种为了人类的目的对外在自然界和内在本性进行最大限度控制的理想，必须承认两个因素来达到那种控制：一方面是自由的个人主动精神、个人的自发的自我主张；另一方面是合作的、有秩序的、（如果你愿意这样说的话）组织起来的活动。如果我们想要保持对自然和本性的控制，使之前进，并流传下去，对这二者就都不应该加以忽视[61]。

要注意，这里所倡导的良心和道德，不是威权统治者所要求的奴性"道德"（当然也不得不捎带正义与平等的包装），也不是那种与过度自负所结盟的"道德狂热"（实际也是僭主，是威权的另类包装）。在市场的丛林中，初始，我们是一个去"伪道德"的过程，怀疑一切，只相信丛林生存法则，并由此带来"道德滑坡"，良心的"藩篱"丧失后带来失去内心家园的痛苦。在这之后，我们有望迎来一个社会大多数人的内心渴望的道德重建。或从禀好结盟的经验主义出发，或从"良心"的自然主义传统出发，但更重要的还是要从良法秩序出发，建立一个实践理性互动沟通的平台，从而在保证法律意义的，也就是社会意义的个人自由权利基础上，保全和丰富我们的“内心自由”——这也是手段，更是目的。不是一个奴隶的内心自慰，而是一个公民的内心惬意；不是奴隶的义务重扼，而是公民的职责敬重。不是一个奴隶，也不是一个丛林生存者，而是一个自由公民仰望星空和道德法则，所产生的“日新又新、有加无已的景仰和敬畏”。

> 法律是我们道德生活的见证和外部沉淀。法律发展的历史也就是我们民族道德发展的历史。尽管有大众的嘲弄，但是法律的施行实则有助于培养好的公民和好人[62]。

《亲身体尝法》并不将“烧掉原有的”[63]法律制度。它尊重：

(1) 公司法对于财产之有限责任；

(2) 既有的对于消费者的所有保护，包括产品严格责任。

在整个的消费者相关保护、公司法体系中，《亲身体尝法》只是一个配角。在实施的初期，或者只是一个“软法”[64]。

《亲身体尝法》可能面临的问题包括但不限于：

(1) 会不会破坏生产者的“隐私合理期待”[65]？

生产者主要相关利益获取人在日常生活中亲身体尝，并对外公开，会不会影响其隐私？虽然我们可以运用法益权衡的理论予以一定的解释。但是，我们每一个人(包括消费者、生产者)都有其神圣的隐私“小屋”[66]。《亲身体尝法》要求的权力可以走到小屋门口的哪里呢？

这个法益平衡，一方面是公众立法、司法执行的考虑[67]，另一方面也将成为生产者的一个私利计算因素：隐私权的畏惧。“让我们看看作为一种支持偿还性法律的道德力量的畏惧。因为我们常常把畏惧当作一种邪恶，我们就忘记了它也是一种道德力量。”[68]

(2) 如果生产者将亲身体尝作为一个参与市场的重要考量因素，那么，这对于资本效率、市场创新的影响会有怎么样的程度？

《亲身体尝法》将一定程度地影响生产者的“隐私合理期待”，但是《亲身体尝法》将整固整个社会的“契约团结”[69]。自己不要，却推销给别人，将破坏“交换的预期”，从而改变契约当事人的“未来的规划”，深刻地破坏契约当事人之间有机团结的存在。

(3) 亲身体尝的网络平台的建立，交付消费者的权力，会不会被滥用？变成无序的情绪宣泄，比如“人肉搜索”？

消费者和生产者在自由的网络平台上，可不可以缓和“陌生人与内部人之间严格的界限”[70]？网络秩序，因为人们服从相对稳定的相互关系标准“己所不欲，勿施于人”，是否会变成“利益的同盟”[71]呢？

对于以上问题的争议，包括更多的来自理论界、企业界与消费者的疑虑和争论，都将是“《亲身体尝法》”法律生长的环境滋养。“我们完全意识到，任何答案以及因此而构建的任何社会秩序，都只是间歇，只是我们愿望的某种化身，只是对我们恐惧的安慰。”[72]我们并不理直气壮，或者这只是一个“历史的权宜之计”，甚至只是一面理论的镜子，帮助我们了解现存的法律制度[73]。

5.3　法律的自律和行动中的良心

中国法律建设有一个内化的过程，在大规模学习和移植西方法律技术之后，存在着一个法律精神内化的需要。社会缺乏法文化，公民缺乏法感情。

> 法律主义固已取代道德主义，但是“政令不行，伦理荡尽”；“有中国特色的社会主义法律体系”已宣告建成，然而，法律与社会仍处处脱节，法治精神荡然[74]。

亲身体尝作为一个平台建设，一个法律众筹的工具，可以帮助改善上述情况。

除去社会实践，法律精神内化的源泉，包括西方的法律文明的滋养，也包括本土文化中合理内核的传承。《亲身体尝法》是一个创制中国特色的法，在立法、普法、执法的历史性中，有可能真正发现普世法的一般特征。《亲身体尝法》继承了中国儒学的两大内核：己所不欲，勿施于人；知行合一。

> 子贡问曰：有一言而可以终身行之者乎？子曰：其恕乎！己所不欲，勿施于人。（《卫灵公》）
>
> 孟子言，“老吾老，以及人之老；幼吾幼，以及人之幼。天下可运于掌。……故推恩足以保四海，不推恩无以保妻子。古之人所以大过人者，无他焉，善推其所为而已矣。”《孟子·梁惠王上》

己所不欲，勿施于人。亲身体尝是“礼”的延续，又与西方自然法学密切相偕。可参见第一章 1.2 所述，《亲身体尝法》可以从自然法与经验主义出发的一般性法理中获取支持。

> 自然法学素来承认有一共同的人性存在。根据人性不变的特质,可以推演而得社会生活的若干基本原则。此等原则,人可以凭借其意识能力发现之、认识之。此等原则,因为具有必然的因素,所以显出相当程度的一致性与普遍性;故而称为自然法。晚近学者曾解释此法为"公平合理之最低限度的要求",从而形成实证法与活法必须符合的标准。自然法在这一意义上,与礼之基本原理原则非常相似。如同自然法一样,礼之原则源自人性,礼之原则非但形成具体的礼以及传统的法二者的共同基础,也构成批判二者的共同准据。
>
> 此一比较,对于协调西化的中国法律与传统的中国道德,甚有裨益。既然礼之原则与自然法以同一人性为立论的根据,则在发展中国社会与西方社会二者的活法与实证法这方面,至少有了一个共同的理论基础。[75]

亲身体尝同样可以接续社会主义实践之初的理想,"不要损害别人,好让别人不损害你;要为别人造福,好接受别人的赐福。只有在共同的幸福中才能找到自己个人的最大幸福。"[76]亲身体尝可以平复"自己的理想与日常生活经验之间的冲突。"[77]

作为一种街坊语言,亲身体尝又较纯粹逻辑的传统西方理性思维多了一份亲切和具象。亲身体尝对于生产者可以是"直觉的窗户"[78],直抵良知,直抵是非之心。他在尝试自己的产品中,便有了判断,是否应该推销给陌生的邻人,丝毫"瞒他一些不得"[79]。

中国古人碍于威权政治而没有充分的行动(社会)的自由,故而多向内心的致知。而今天,在一个开放的社会,在个人自由得到宪法保障的社会,个体应当是在行动中"养仁"。仁是交互的公共的行动经验，更不应该停留在“默想禅坐”中。日常行动中应“知行合一”，而不仅仅是坐忘主静。

道德问题不仅是认识问题，更是行动的问题，因而古代思想家重视关于伦理问题的言行相符。在伦理学说的范围内，提出任何主张，必须有一定的行动与之相应，否则就是欺人之谈，毫无价值。孔子说：“君子耻其言而过其行。”（《论语・宪问》）又说：“君子欲讷于言而敏于行。”（《论语・里仁》）又说：“古者言之不出，耻躬之不逮也。”（《论语・里仁》）都是讲言行必须一致。进行道德修养，必须表现于生活之中。孟子说：“君子所性，仁义礼智根于心。其生色也，睟然见于面，盎于背，施于四体，四体不言而喻。”（《孟子・尽心上》）荀子云：“君子之学也，入乎耳，著于心，布乎四体，形乎动静。”（《荀子・劝学》）这都是讲关于伦理道德的思想必须见之于生活行动，在身体上表现出来。在古代，遵循道德原则而行动，谓之“身体力行”，谓之“躬行实践”。“身体力行”意谓在身上体现道德原则。“躬行实践”意谓将道德原则在生活中实现出来。“实践”一词在明代理论著作中已经屡见，意谓实际行动[80]。

王阳明对此阐述得格外清晰：

先生曰：“此已被私欲隔断，不是知行的本体了。未有知而不行者，知而不行只是未知。”不成只是晓得说些孝悌的话便可称为“知孝悌”？又知“知痛”，必自己痛了方知痛，“知寒”必自己寒了，“知饥”必自己饥了，知行如何分得开？此便是知行的本体，不曾有私意隔断的。

又说："食味之美恶必待入口而后知，岂有不待入口而已先知食味之美恶者邪？""路岐之险夷，必待身亲履历而后知，岂有不待身亲履历而已先知路岐之险夷者邪？"[81]

按科尔曼的辩护，《亲身体尝法》的这个日常行动性就是：

这种推理能力中的"知道如何去做"因素代表着一种深层的第二感觉，在此种感觉中，一种语义学的推理角色地位可以被认为是"实践性的"。在第一感觉中，某些意义——构成性的推理所描述或禁止的行为过程也是实践性的。然而，在第二感觉中，甚至我们的"理论性"推理也是实践性的，因为构成推理能力（即知道如何去做）的概念掌握最终是以现实世界中的我们的实践参与之总体性，或者说是以维特根斯坦所谓的"生活方式"为基础的。[82]

《亲身体尝法》的这个日常行动中道德的附着，同样也是富勒沿袭继承亚里士多德理论的"行动中的道德性"[83]。

《亲身体尝法》是知行合一的"仁"在当代法律尝试中的精神传承。它以日常的街坊行为构成情景式语言，使得广大消费者有着"直接、真实和清晰的体验"，它试图让生产者"心中创造最佳行为动机"。"必须凭良心生活"的《亲身体尝法》将是"把人与人联系起来的精神的团结一致"的互动平台。新世纪的法学思考[84]，同样可以接续"克己复礼"，是孔子的"仁"。克己者，自我而克制，并不否认"自利"，而绝不是朱熹的"灭人欲"的伪道德；复礼，是回归古典自然法的传统，而不是“简单化地把整个法律意识视为尊重并遵守有权限的外在权威的命令的稳定习惯”，不是“仅以威胁为后盾”的威权秩序。最终，自律成为他律的源泉[85]。

当埋头于法律技术的细节的耕耘[86]，我们又抬头星空：寻求更基本的人性法则。

在全部被造物之中，人所愿欲的和他能够支配的一切东西都只能被用作手段；唯有人，以及与他一起的每一个理性的创造物，才是目的本身[87]。

己所不欲，勿施于人。

注：

[1]《有无之境王阳明哲学的精神》，陈来著，北京大学出版社，2013年，P155。

[2]《企业的性质——起源、演变与发展》，[美]奥利弗·E.威廉姆森，西德尼·G.温特编，商务印书馆，2007年。

引自P25：企业的性质(1937)科斯。

另参P43：选择交易作为分析单位，交易成本的概念区分了在企业内部与通过市场配置资源的差异，比较了在企业内部组织交易与借助市场交易手段的成本差异，等等。

[3]《企业的性质——起源、演变与发展》，[美]奥利弗·E.威廉姆森，西德尼·G.温特编，商务印书馆，2007年。

P301：1991诺贝尔奖获得者演讲：生产的制度结构(科斯)

现代经济学的另一个特征是分析日趋抽象，这助长了对经济系统中定价体系外其他因素的忽视。这种抽象分析似乎不要求了解现实经济系统的具体情况，或者说进行抽象分析无须借助现实经济系统的具体情况。

经济学家研究的只是自己心目中而不是现实世界的经济系统，我称这种研究的成果是“黑板经济学”，其中的企业和市场有名无实。主流经济理论常将企业描述为一个“黑箱”，企业也确实是未打开的黑箱。

[4] 转引自《民商法论丛》第3卷，梁慧星主编，法律出版社，2016年，P309。

[5]《论经济与社会中的法律》，[德] 马克斯·韦伯著，中国大百科全书出版社，1998年，P308。

另参P162：一般而言，交易双方都对交易关系的未来发展感兴趣，因为这是一种特殊的伙伴关系，并且，双方都要恪守诺言，至少不违反诚信和公平交易的规则。这是保证交易双方遵守法律的假定。只要存在这种利益，“诚信就是最好的政策”。

P308：在私法领域，对当事人的主观态度的分析也越来越被法官所采纳。“诚信和公平交易”或商业的“善良”惯例，或者换言之，道德范畴已经成为衡量当事人“主观意图”的标准。

[6]《法律史解释》，[美] 罗斯科·庞德著，华夏出版社，2013年。

P153—154：法律秩序是社会控制程序的一个方面。我们有充分的理由将其视为社会工程的一项任务或一系列任务，将其视为在用相对有限的现存物质商品尽可能地满足无限的人类欲望过程中消除摩擦、防止浪费的手段。法律是一组知识和经验体；这一部分社会工程的实施离不开法律的支持。法律不只是一组规则，它拥有一系列有关行为和审判的规则、原则、概念和标准。它还拥有学说、职业思维模式和职业裁决技术。行为与审判的规则只有通过它们才得到适用与生效。与工程师的公式一样，它们代表了人类经验、人类经验的科学公式以及这些公式的逻辑发展，也代表了用发达的技术设计新方法并系统地阐述它们的需求过程中所发明的技巧。

威廉·詹姆斯(William James)说：“在寻找一种普遍原则的过程中，我们会不可避免地被带到一个无所不包的原则面前，即从本质上来讲，‘善’就是满足人类的要求。……伦理哲学的指导原则(因为在这个可怜的世界上，并不是所有的要求都能得到满足)难道不能尽我们之所能地在任何时候都满足我们的要求?”在我看来，这正好是关于法律秩序问题的一个声明。这是一项以最小的摩擦与最低的浪费来满足人类要求、保障人类利益、或者说满足人类的权利或要求的任务。

[7]《通过法律的社会控制》，[美] 罗斯科·庞德著，商务印书馆，2010年，P37。

庞德引用了清教徒的想法，但自己并不同意这样一种概念。“这样一种概念，在一个人口稀少的草创社会里是完全适合的，但是在今天人口稠密的、具有复杂组织和各种互相抵触的利益之争的工业社会里，却是完全不可能的。”

[8] 笔者之一的8岁小童，对广告是这么评价的，它诱惑我去购买玩具，让我有了很多新的期待。

[9]《澎湃新闻》：乔姆斯基出演封山纪录片：美国不再美，错在十个基本问题。

[10]《消费者行为学》，J.布莱恩著，中信出版社，2003年，P3。

P3：消费者行为学已经被描述成“感情和认知、行为，以及人们与他们的生活进行交流的一种能动的交互作用”。（美国市场学会）

[11]《营销学经典：权威论文集》（第八版），[美] 本・M.恩尼斯等著，东北财经大学出版社，2000年。

P556：感知质量：(1) 不同于客观或实际质量；(2) 是一种较高层次抽象概念而不是产品的一种具体特性；(3) 是一种在某些情形下类似于态度的总的评价；(4) 一般是消费者内心作出的一种判断。

P557：“客观质量”这一术语。基于产品的质量是指一种产品的特定性质或成分的数量。基于制造过程的质量涉及符合生产要求的规格或服务标准。

[12]《消费者行为学》（第八版），[美] 迈克尔・R.所罗门著，中国人民大学出版社，2003年。

P56：超真实

现代广告的特征之一是它创造了一种称为超真实（hyperreality）的情境。超真实指将初始虚拟的或者设变为真实的过程。广告公司通过发现产品和利益之间的新联系，在目标客体和解释之间创建新的关系，如将万宝路香烟盒与美国先驱精神联系起来。

[13]《消费社会》，[法] 鲍德里亚，南京大学出版社，2014年，P119。

[14]《消费者行为学》，[美] 迈克尔・R.所罗门，中国人民大学出版社，2003年，P89、P256。

P89：学习与记忆

如今，一些广告商正在试用植入广告（bitcoms）方式，努力促进观众对在电视节目中插播的系列广告（称为广告豆荚）的记忆保留能力。在一个典型的小插曲中，当电视节目开始时，一个站着的喜剧演员（也可以是电视节目中的演员）表演一段引出真实的广告的节目。这是营销者整合电视节目和广告信息的一种方式，提高了观众对广告的关注度。

状态依存性提取

如果你在考试的教室里学习,你就能考得更好吗?也许吧。这个过程称为状态依存性提取(state-dependent retrieval),它是指如果回忆时的内心状态与获得信息时的内心状态相同,就更有可能提取到信息。因此,在看到广告时,如果我们的情绪或唤起水平与购物环境相似,就更有可能回忆起这则广告。再现信息第一次出现时的线索可以增强回忆。

P526:消费者行为学

产品植入(product placement)指的是在电影、电视、图书和电视剧中插入真实的产品。许多类型的产品在我们的文化中起明星(或至少是支持)作用。2007年,许多著名品牌都采用了产品植入策略。如今,这种策略非常普通,已发展成为一种新型促销方式,称为品牌化娱乐(branded entertainment),广告商不再采用简短的广告,而是选择在更冗长的电影中展示他们的产品。

一些研究者声称,产品植入可以帮助消费者作决定,因为消费者熟悉这些道具而产生情感上的安全感和文化归属感。另一项研究发现,当植入的产品与电影情节一致时,就更容易说服消费者。但是,当植入与剧情不一致时,则会导致负面的品牌态度,因为它们看起来不合时宜。

[15]《消费社会》,[法]让·鲍德里亚著,南京大学出版社,2014年,P119。

[16]《消费社会》,[法]让·鲍德里亚著,南京大学出版社,2014年。

P116:在此意义上,广告也许是我们时代最出色的大众媒介。如同它在提到某一物品时却潜在地赞扬了所有同类物品一样,如同它透过某一物品和某一商标却实际上谈的是那些物品的总体和一个由物品和商标相加而构成的宇宙一样——同样,它就这样伪造了一种消费总体性。

P6:代译序(张一兵)

鲍德里亚这里的意思是说,在今天的资本主义消费过程中,通过华丽的、令人炫目的凸状性展示,商品在高超的美学和心理学技艺的结构化广告中,在昭示着地位和成功的品牌诱惑之下,生成了德波所讲的炫耀式的景观表象对人的深层心理筑模的下意识统治和支配。不过,鲍德里亚比本雅明和德波更深刻的新发现在于,这种支配已经发展为一种商品之间的链锁意义的动机控制。当你购买一种高档商品的时候,这一商品与其他同档位的商品将会形成一个紧密的筑模性欲望诱惑链，它们是凸状性的“一串意义”相互暗示以生成对人的欲望的控制和支配。

P11：消费社会

在今天的消费过程中，没有人处于纯粹和孤立的商品购买和使用关系中，消费即是地位和身份的有序编码，这种编码同时就是阶层区划。

P3：物的形式礼拜仪式

橱窗、广告、生产的商号和商标在这里起着主要作用，并强加着一种一致的集体观念，好似一条链子、一个几乎无法分离的整体，它们不再是一串简单的商品，而是一串意义，因为它们相互暗示着更复杂的高档商品，并使消费者产生一系列更为复杂的动机。显然，提供给消费者的商品绝不是杂乱无章的。在某些情况下，为了更好地诱惑，它们还会模仿杂乱。不过，它们总是要想方设法地打开指示性的道路，诱导商品网中的购物冲动，并根据自身的逻辑，进行诱导、提高，直至最大限度地投资，达到潜在的经济极限。服装、机械以及化妆品就是这样构成商品的系列，并引起消费者对惰性的制约：她逻辑性地从一个商品走向另一个商品。

[17]《消费者行为学》，[美] 迈克尔·R.所罗门著，中国人民大学出版社，2003年，P192。

P192：消费者行为学

当不同产品的象征意义彼此相关时，便会发生产品互补效应(product complementarity)。消费者利用这一系列被称为消费集群(consumption constellations)的产品来界定、传播和扮演社会角色。比如，美国20世纪80年代的“雅皮士”可用以下产品来界定：劳力士手表、宝马汽车、古琦(Gucci)公文包、壁球、新鲜的香蒜沙司、白酒和法国布利乳酪。在英国“史洛恩富贵族”(Sloane Rangers)和法国的“好款派”中，都可以发现在某种程度上类似的消费集群。

[18]《消费者行为学》，[美] J.布莱恩著，中信出版社，2003年。

P13：动力、动机和享乐主义

- 解释激发人们购买的动机类型。
- 阐述马斯洛(Maslow)和赫兹伯格(Hertzberg)的动机理论。
- 说明这些理论如何适用于消费者购买行为中的实际问题。

• 解释需求怎样转化为需要，需要怎样转化为行动。

[19]《消费者行为学》，[美] 迈克尔・R.所罗门，中国人民大学出版社，2003年。

P72：消费行为学

这个由巴甫洛夫证实的经典性条件反射的基本形式，主要用于解释那些由自发神经系统（如唾液分泌）和神经系统（如眨眼）控制的反应。也就是说，它重点研究包括饥饿、口渴、性唤起以及其他基本内驱力的视觉和嗅觉线索。当这些线索不断地与诸如品牌名称之类的条件刺激相匹配时，日后消费者受到这些品牌线索的刺激时，他们就会产生饥饿、口渴和性唤起的反应。

经典性条件反射同样适用于更加复杂的反应。一张信用卡甚至能够成为让你消费更多的一个条件性暗示。这主要是因为作为一种刺激，它只出现在消费者花钱的情境中。与使用现金相比，人们发现使用信用卡时，通常会购买更多的东西，并留下数额更大的小费。难怪美国运通（American Express）提醒我们："出门别忘带信用卡。"

[20]《消费者行为学》，[美] 迈克尔・R.所罗门，中国人民大学出版社，2003年。

P80：消费者行为学

证据表明，确实存在无意识的程序性知识。人们对某些信息的处理的确是采用自发和被动的方式，这种情况被研究者称为"无意识"。例如，当我们遇到陌生人或者新产品时，我们倾向于以我们头脑中习得的类别来对这种刺激进行反应，而不是费尽心思去形成一个新的类别。在这些情况下，某个触发特性激发出我们的一种反应，这个激发特性属于暗示我们按照某一特定模式的一些刺激。例如，在一项研究中，让男性被测试者评价一个广告中的汽车特性，如果让一个有诱惑力的女性（触发特性）同时出现，则不论汽车特性如何，男性都会对汽车的各项性能评价较高，尽管男性并不相信广告中那个充满诱惑的女性实际上对他们所作出的评价产生了影响。

[21]《消费者行为学》，[美] J.布莱恩著，中信出版社，2003年。

P54：享乐主义消费

享乐消费诉诸本我。它被定义为"消费者行为中与一个人使用某产品的经历中那些多种感官、幻想和情绪的成分有关的方面"。享乐主义就是满足个人的"动物"需要。一个例子就是最近的某个广告牌上为俱乐部18—30天假期的广告，用了像“你得到了可以喝醉和放纵的两周”这样的标语。

[22]《消费者行为学》，[美] 迈克尔·R.所罗门，中国人民大学出版社，2003年。

P295：消费者行为学

神经营销(neuromarketing)利用功能性吸引力共鸣想象(fMRI)——一种大脑扫描装置，它在我们执行智力任务时跟踪血液流动。近年来，研究人员已经发现，大脑的区域(如扁桃体、视丘下部等)是动态的配电盘，它把记忆、情感和生化触发混合在一起。这些相互联结的神经塑造了恐惧、痛苦和愉快的方式，也塑造了影响我们选择的社会压力。

科学家们知道，大脑的特定区域激起这些扫描装置，表现在当一个人认出一张面孔、听到一首歌、作出一个决定或者是感到欺骗时，血液的流动就会加快。现在，我们正在尝试利用这一技术测量消费者对电影预告片、汽车精选、漂亮脸蛋的吸引和对特定品牌忠诚的反应。

[23]《消费者行为学》，[美] J.布莱恩著，中信出版社，2003年，P61。

P61：实际上，人们投射出一个角色，并且为周围的人们所肯定(或否定)。为了这个角色得到肯定，这个人将会努力使所有的外在装备适合于这个角色。从这个意义上来说，这个人成了一件艺术品，一个对其他人的试图引起情感反应的感觉刺激。这个人可能利用所有的五种感觉去引发感情反应。视觉(通过适当的穿戴、化妆等)，听觉(通过正确的口音讲话，或恰当地运用声音)，嗅觉(通过香水或去味剂)，触觉(通过呵护皮肤，或者通过穿觉得舒服的衣服)，以及味觉(香味口红、漱口水)。

[24]《当代哲学经典·马克思主义哲学卷》(下)，俞吾金等主编，北京师范大学出版社，2014年。

P39：列菲伏尔 消费被控制的官僚社会

广告不仅提供了消费意识形态，它更创造了“我”这一消费者的意象，并且在这种消费行动中实现着自己以及与其自身的理想相一致的“我”。广告以对事物的想象为基础，唤醒了对事物的想象，陷入附加在消费艺术和内在于消费艺术想象的华丽言辞和诗歌中。华丽的言辞并不局限于语言而且侵入到经验之中，巴黎郊区圣—奥里诺的橱窗或时尚秀是华丽的即兴演出，这是事物的语言。

[25]《消费者行为学》(第八版)，[美] 迈克尔·R.所罗门著，中国人民大学出

版社，2014年。

P147：人们借助一个人的消费行为来判断其社会身份。除了考虑一个人的穿着打扮的习惯，我们还根据一个人选择的休闲活动（如壁球还是保龄球）、食物偏好（如豆腐和豆类还是牛排和马铃薯）、汽车、家居装饰偏好等来推断其个性特征。例如，有人仅通过起居室相片就可以异常准确地推断出主人的个性特征。就如消费者使用的产品能够影响他人的感觉一样，相同的产品也可以帮助消费者确定自我概念和社会身份。

一个消费者对某个物品的依恋可以达到要靠这一物品来维持自我概念的程度。物品能通过强化我们的身份而起到“安全罩”的作用，尤其在不熟悉的环境里。例如，那些用私人物品装饰寝室的学生较少轻易辍学。这一应对方法还可以防止在一个陌生的环境中自我被弱化。当一组研究者请各种年龄的孩子创造“我是谁?”的拼贴画时，孩子们选择代表他们自己的图片。他们发现，年龄稍大的孩子使用品牌商品图片的数量增加了，而且复杂程度也提高了。这种联系从具体的关系（即“我拥有它”）转变为更加复杂的关系（即“它像我”）。

[26]《定位》，[美] 艾·里斯·杰克·特劳特著，中国财政经济出版社，2002年。

引言：定位的定义。定位要从一个产品开始。那产品可能是一种商品、一项服务、一个机构甚至是一个人，也许就是你自己。

但是，定位不是你对产品要做的事。定位是你对预期客户要做的事。换句话说，你要在预期客户的头脑里给产品定位。

变化基本上是表面的，旨在确保产品在预期客户头脑里占据一个真正有价值的地位。

[27]《消费者行为学》，[美] 迈克尔·R.所罗门，中国人民大学出版社，2003年，P147。

[28]《欲望制造家》，[英] 克拉克著，河南人民出版社，P54、P98。转引自《消费社会》张一兵的代译序。

克拉克曾经指出过：“广告对人们产生影响的原则是：像水滴石穿一样，在不知不觉中进行”。比如我们今天能看到的轩尼诗XO广告画面中美女淡淡地回眸一笑，雷克萨斯广告景观中那个男人欲望式目光的投射，这都是一种暗示式的凹性勾引。所谓水滴石穿，就是这种暗示式的诱劝在一集电视剧的播映中出来若干次，一晚上2—3集，一部电视剧少则20—30集、多则数百集，这种诱劝式的美学图景和欲望情境，在无限的重复之中成为人们下意识心理结构中的支配性筑模力量。在你走进商店的时候，它会让你不自觉地把手伸向欲望伪境中的特定商品。广告的隐性支配作用就是如此发生的。甚至，广告制作者会研究哪种声音在广告中能最有效地穿透人的意识，比如音频信号在2千赫—6千赫之间对人的影响力最大。

[29]《消费社会》，[法]鲍德里亚著，南京大学出版社，2000年，P6。

[30]《广告原理 选择、挑战与变革》，[美]布鲁斯·G.范登·伯格著，世界知识出版社，2006年，P67。

[31]《定位》，[美]艾·里斯·杰克·特劳特著，中国财政经济出版社，2002年。

引言：在我们这个传播过度的社会里，想要解决说话有人听的问题，定位同样也是首选的思路。

[32]《消费社会》，[法]鲍德里亚著，南京大学出版社，2014年。

P14：张一兵的代译序

广告的战略是在镜像他者中制造每个人对其认同的物化社会的神话情境，广告制造的镜像他者并不是对单个人言说，恰恰在暗示性的地位和等级区划（宝马、豪宅、青春永驻）中让所有想“成功”的人都怦然心动。其实，这里讲的正是我们身边正在发生的事情。他者的欲望是每一个人“深层动机”中的欲望，而广告的秘密则是对这种欲望的深层情境控制。所以，鲍德里亚是想说，人们在今天的资本主义消费中从来没有消费到物品真正的使用价值，只是消费了“一种被消费的意象”，那是由光怪陆离的广告所制造出来的符号价值的幻境。这就是伪性构境了。

[33]《消费者行为学》，[美]J.布莱恩著，中信出版社，2003年。

P142：个人影响的机制

滴入理论是说较低阶层的人总是模仿高阶层的人，影响力是由富裕阶层向贫穷阶层传递的，因为社会中较贫穷的群体总是寻求变得更好。

[34]《营销变革》，[美]苏珊·哈特编著，中国人民大学出版社，2006年。

P29：消费者比以前有更多的选择已经成为一条公理。然而，加布里埃尔和兰（1995）指出，这些选择并不是在一些可供挑选的商品中选择那么简单，如果没有差别，消费者没有基于选择的信息，选择将会变得毫无意义，一团乱麻，消费者负担太重（Gabriel and Lang，1995；Jacoby，Speller and Kohn，1974）。里德斯图尔和诺德斯特龙（Ridderstrale and Nordstrom）（2000）称现代社会为“过剩社会”，并列举如下：在挪威，450 万居民有超过 200 份不同的报纸可供选择，精工表有 5 000 种可供选择，而迪士尼（Disney）声称每分钟就可以生产一种产品——一部电影、一本书、一盘 CD 等。然而，霍华德（2001）提出，今天许多消费者对与他们已经购买的品牌或产品相联系的信息和形象产生了疑问。他们正在寻找他们认为可以信得过的信息和建议，这就需要寻找值得信赖的信息来源，如越来越依赖口碑和社会网络来证实营销信息并对相关信息作出解释。

[35]《跨国公司法律问题专论》，余劲松著，法律出版社，2008 年。

P305：有不少学者认为，个人在有限的范围内可以成为国际法主体，或国际法上的特殊主体或部分主体。我国国际法学界有著名学者认为，“个人也可以直接享受国际法上的权利和负担国际法上的义务，因而国际社会至少已趋向于承认个人为部分国际法主体”。英国学者詹宁斯和瓦茨也认为，“国家可以将个人或其他人格者视为是直接被赋予国际权利和义务的，而且在这个限度内使他们成为国际法的主体。”

[36]《跨国管理》（第 2 版），[美] David H. Holt Karen W. Wigginton 著，清华大学出版社，2004 年，P114。

[37]《无国界的世界》，[日] 大前研一著，中信出版社，2015 年。

P42—43：在已经无国界的环境下，要想进行有效的管理并非是指通过发现投资的宝地来构筑良好的现金流，也不是说一路跟到你对手的巢穴，先发制人地将对手腰斩于他们本土市场里，更不是说在新的殖民领域里盲目地复制本来的企业系统，而是要十分注意为顾客制造价值，等距地对待不同市场的顾客群及其需求。首先一定要瞄准顾客，这是第一要务。顾客是让你进行全球化思考时的根据。

[38]《原则的实践为法律理论的实用主义方法辩护》，[美] 朱尔斯·L.科尔曼著，法律出版社，2006 年。

P27：根据经济学对侵权行为法所作的解释，侵权行为法的功能就是为了将事故成本减少至最佳水平。侵权行为法在多大程度上服务好这种功能取决于两种因素：减少事故成本所达到的水平和如此做所需花费的成本费用。

[39]《信息、信任与法律》，张维迎著，三联书店，2006 年。

[40]《杜威》,[美] 罗伯特·B.塔利斯著,中华书局,2014 年,P109。

另参 P108:哪一种共同体是民主的?共同体不是简单的"在物理上比邻而居"的一群人,而是在"目标、信念、渴望和知识"等方面共享的一群人(DE,MW9:7),他们协调性地参与群体的共同生活,他们有意识地"分享经验"。

[41]《农产品质量安全法律制度研究》,任大鹏著,社会科学文献出版社,2009 年,P65。

[42] 有关保护生态和自然人、公司的讨论,也可参阅《欧盟为保护生态动刑:欧盟各国环境刑事执法报告》[荷兰] 迈克尔·福尔,[瑞士] 冈特·海因/主编,中央编译出版社,2009 年。

P36:国别报告评析

法人环境犯罪的刑事责任

适用针对企业的各种不同的处罚措施的关键要件是认定高层管理人员的错误行为(违法指令)或者是违反具体的监管职责,甚至是企业代表也要为上述行为负责。然而,许多国家扩展了个人适用刑事责任的范围类别。因此,作为一项欧盟标准,在高层代表违反监管职责的案件中,雇员的犯罪行为是必要的条件。此外,很多国家都愿意在无法鉴别个人责任的情况下接受法人刑事责任的规定。在一些国家,特定的管理人员可以成为承担责任的主体。在英格兰和威尔士,环境犯罪是严格责任,不需要证明主观错误。

P38:国别报告评析

通常来说,在谈到企业能力和承担责任的可能性时,欧盟法院将其作为一个整体来认定。这就意味着,在认定有关故意或是疏忽时,不是以个人有限的知识,重要的是法人组成人员的权力能力及必要的技术能力作为认定的标准。

P52:国别报告评析

我们是否可以从国别报告的分析中得出这样一个结论:环境刑法规定的处罚措施太过宽松,使得法律不能有效地执行。

P53:国别报告评析

在一些案件中,出现在法庭上的犯罪行为人并非传统意义上的"流氓"或者其他经常出现在刑法规定中的主体,而是备受尊重的享有较高社会地位的董事或经理,这也会对处罚的适用产生一些影响。对于官员的诉讼显然是一个传统问题,在环境案件中则更加值得注意。一些针对白领官员的传统的司法制裁总是指向那些经济社会中的“失败者”，如那些导致企业破产或者挑战市场竞争基本原则的法人董事、经理或企业经理。但是在环境案件中，成功的商业人士和企业家也需要经常应对刑事诉讼，再加上涉案企业在经济社会利益方面较大的影响力(如雇用了较多数量的员工)。这也许会表明为什么在很多国家，法院都不愿在环境刑事案件中使用较重的处罚措施的原因。

[43]《消费者保护法研究》，张严方著，法律出版社，2003 年，P85。

[44]《超越增长——可持续发展的经济学》，[美] 赫尔曼·E.戴利著，上海译文出版社，2006 年，P18、P43。

[45]《米诺斯》，[古希腊] 柏拉图著，林志猛译/疏，华夏出版社，2010 年，P32。

[46]《法律史解释》，[美] 罗斯科·庞德著，华夏出版社，2013 年，P12。

[47] 可以参阅以下材料和观点。

《公司法的边界》，徐菁著，对外经济贸易大学出版社，2006 年。

P91—92：在许多自由主义者看来，公司法作为规范商事组织的法律，除了效率目标外，根本就没有其他目标。“归纳科斯以来整个法律经济学理论，其核心在于，所有法律活动，(包括一切立法和司法以及整个法律制度)事实上是在发挥着分配稀缺资源的作用，因此，所有法律活动都要以资源的有效配置和利用——效率极大化为目的。”

钱弘道：“法律经济学的理论基础”，《法学研究》，2002 年第 4 期。

P93：由于财富最大化不仅事实上是普通法审判的指南，而且是一种真正的社会价值，是法官这个位置能很好促进的唯一价值，因此，它提供的就不仅是精确描述法官应当如何行为的关键，而且也提供了批评和改革的正确基准。如果法官没有做到财富最大化，法律经济学分析家就会敦促他们相应地改变做法或改变学理。因此，波斯纳认为“正义的第二种含义——也许是最普遍的含义——是效率”。

《法理学问题》，[美] 理查德·A.波斯纳著，苏力译，中国政法大学出版社，2002 年，P450。

《法律的经济分析》，[美] 理查德·A.波斯纳著，蒋兆康译，林毅夫校，中国大百科全书出版社，1997 年，P31。

《公司自治论》，蔡立东著，北京大学出版社，2006 年。

P9：效率是制度的基本指向。在一个资源相对稀缺的社会，缺乏效率的法律制度至多只能具有残缺的正义性。制度变迁的方向是交易成本的节约，即以交易成本较低的制度代替交易成本较高的制度。全部法律制度都应以有效地利用物资资源、激励人力资源，最大限度增加社会财富为目的。

《公司·商人·经济人》，赵万一著，法律出版社，2013年。

P402：作为古典经济学代表的亚当·斯密在其《国富论》和《道德情操论》中阐述的一个核心观点就是“经济人”的假设。按照亚当·斯密的说法，毫无疑问，每个人生来首先和主要关心自己；而且，因为他比任何人都更适合关心自己，所以，他如果这样做的话是恰当和正确的。波斯纳认为，承担额外社会责任的公司将被逐出市场，因为买方垄断不太可能是一种长期的策略，唯一的例外只是，如果这些资源的所有者（他可能是企业的股东）是一些从企业的社会责任中获得效用的利他主义者。由此可见，公司社会责任的提法是建立在人性善的理论预设的前提下的。

P403—404：对公司规定广泛的社会责任，其实是一种义务伦理学的观点在公司法上的体现，它强调自我舍弃和禁欲主义。这种伦理学的极致会把人改造成驯服的工具，而它又会以一种道德拯救者的面目出现。如果在这种伦理学的指导下构建公司制度，不但有违于效益至上这一公司法的根本立法宗旨，而且会导致以下问题的出现：(1) 以义务伦理学为基础构建的公司社会责任会给公司经营背上沉重的道德负担。因为义务伦理学会导致高标准的道德要求，公司必须时时与自己的营利本性要求作斗争，结果会导致公司人格被异化。例如，在社会责任的要求下，会导致对公司难以承受的成本的增加，使公司在最大化盈利和承担社会责任的道德呼声之中左右为难。(2) 以义务伦理学为基础构建的公司社会责任会诱发不正当竞争行为，助长一些公司沽名钓誉、捞取更大的好处。当社会责任的要求与公司的盈利目的相违背时，一些公司往往会一方面强调其他竞争对手在承担社会责任方面的不足，另一方面故意夸大自己在社会责任方面的作用，甚至通过弄虚作假的方式以迎合社会责任这个强势的话语的同时获得更大的利益。(3) 以义务伦理学为基础构建的公司社会责任会缩小公司自由经营的范围。公司社会责任的观念会给公权力以社会责任之名来干涉公司内部管理和对外经营，这会对市场经济秩序产生很大损害。

P405：可见，以利他主义为逻辑前提的道德化社会责任制度，必然与以人性恶推导出的作为民商法体系基础的个人主义方法论相抵牾。

P406：波斯纳认为，在竞争市场中，长期为了利润之外的任何其他目标而经营将导致企业萎缩，甚至非常有可能破产。因为，如果企业将承担其他社会责任的支出（如污染控制）转嫁在消费者身上时，则违背了社会责任的初衷，如果公司将这部分支出完全由利润支付，则会导致企业的产量和利润率下降。当企业利润和产量下降时，它在生产中使用的稀缺资源（土地、技术等）的所有者就不可能取得相当于在其他地方取得的收益。这样，企业的经营会因得不到稀缺资源所有者的支持而难以为继。所以，试图以最低成本为市场生产而又改良社会的经理最终可能将一事无成。

《法律的经济分析》（下），[美] 理查德·波斯纳，蒋兆康译，中国大百科全书出版社，1997 年，P546—547。

P409：从经济与伦理的关系角度来加以考察，可以看出效率本身就是正义的实现方式之一。赞同财富最大化的最强有力的论点其实并不是道德的论点，而是实用主义的论点。只要看看周围的世界，我们就会看到，一般来说，生活在多少能允许市场自由运作的社会中的人们不仅比生活在其他社会中的人们更为富裕，而且也拥有更多的政治权利，更多的自由和尊严，也更多地得到满足，因此，财富最大化也许是实现各种道德目的的最直接的路径。

《法理学问题》，[美] 理查德·波斯纳，苏力译，中国政法大学出版社，2002 年，P477。

[48]《全球化与法律理论》，[英] 威廉·退宁著，中国大百科全书出版社，2009 年，P20。

[49] 参《全球化与法律理论》，[英] 威廉·退宁著，中国大百科全书出版社，2009 年，P20。

P84：这就是下面的问题："在一个相互依赖的世界上，谁是我的邻居？"这个问题涉及所有的道德主体，包括政府、法人、非政府组织和个人。

P85：功利主义关于适用范围的概念，可以表达为类似阿特肯法官在 Donoghue v. Stevenson 案中提出的邻居原则。只是在许多人的眼里，当今世界对"谁是我的邻居"这一问题的回答是一个广义的回答，即"行为人能够预见的，可能被自己行为直接或间接影响的任何人。"

[50]《公司法：理论、结构和运作》，[加] 布莱恩·R.柴芬斯著，林华伟、魏旻译，法律出版社，2001 年，P171。

[51] 参《法治秩序的建构》,季卫东著,中国政法大学出版社,1999 年。

P17：法律程序的意义

限制恣意的责任机制是以自由选择为前提的。然而,单凭归责却不能完全保证自由选择的结果是理性的。因此,必须考虑人们是如何进行选择的。D·E.艾普特说:“当一个文化表现出探究和追问人们如何进行选择包括道德的(或者规范的)、社会的(或者结构的)、个人的(或者行为的)选择——的态度时,作为非经济过程的现代化就开始发生了。对于现代人,选择即是中心的问题……从关于选择这个观点更进一步,政治体系就变成一个为某种特定集体而设定的选择体系。政府是调整选择的机制。……现代化过程的一个特点是它包括选择的两个方面：改善选择的条件和甄别最满意的选择机制。”

[52]《英美法善意原则研究解读 英美法物权变动中的“优先和最高原则”》,秦伟著,法律出版社,2008 年,P30。

[53]《伦理学与经济学》,[印度] 阿马蒂亚·森著,商务印书馆,2014 年。

P9：在标准经济学中,人们是如何描述理性行为的呢? 一般来说,在主流经济学中,定义理性行为的方法主要有两种。第一种方法是把理性视为选择的内部一致性(internal consistency of choice);第二种方法是把理性等同于自利最大化(maximization of self-interest)。

[54]《法律史解释》,[美] 罗斯科·庞德著,华夏出版社,2013 年,P143。

另参 P99—100：个人良心应受良好的法律的指引和开导,在人的行为发生危机时,法律应给予光明的指点。

[55] 前一段见《伦理学与经济学》,[印度] 阿马蒂亚·森著,商务印书馆,2014 年,P60—61;后一段可百度。

[56]《普通法的历史基础》,[英] S.F.C.密尔松著,中国大百科全书出版社,1999 年。

P90：衡平法真正的开端与普通法一样,也是由一种错误百出的人为结果来取代神明裁判的。这种结果也许明显地没有反映绝对的公平。正是由于认识到这一点,才促使大家向作为人为制度的首脑的大法官申请救济。但是大法官能做什么呢? 他既没有什么特殊方法达到绝对公平,也没有什么特殊方法了解人们的思想;而且他也不可能简单地自己宣布一个结果。他所能做的一切,就是启发当事人的良心,从某种意义上来说,只有良心才能辨别事情的对错。

衡平法之所以对人发挥作用,是因为只有人才有良心。

[57] 关于个人主义与集体义务的历史性讨论，可参考《法律思想与社会变迁》，马汉宝著，清华大学出版社，2008年。

P10—11：诚然，西方世界在20世纪之初，由于社会、经济及政治上的变化，即已产生一种新的团体意识以及对于社会的一种新的责任感。同时，此种新的意识与感觉，确实已经日益反映了西方的法律制度。不过，此种强调社会义务的观念，乃是个人主义充分发展以后的产物；目的在于缓和过甚的个人主义，以应付社会生活的新需要。中国未曾经历此一过程；因此，中国人一向重视义务的观念，并不能轻易即说，与西方新起的社会意识乃是不谋而合。换言之，西方的社会义务观念，与个人的权利与自由牢不可分。中国人对于个人的权利与自由，如不能深加了解及珍视，对于上述新起于西方的社会义务观念，即不易体认，自亦不易加以遵行。

P14：社会法学原认为，活法即是全部社会事实的"内在秩序"(inner order)，因此，与一个社会的全部事实相推移。一个社会的生活事实变迁，该社会的活法即演化而产生新的规范。

虽然，中国社会究应如何产生礼的新规则或活法的新规范，仍待说明。我们认为，新的活法或礼的新规则，一方面应该配合现行中国法律的精神，俾人民的生活能够适应现代社会的要求；另一方面，更应该不断接受礼之基本原则的考验。以下，试先讨论如何根据现行法制的精神，以促成新的活法之产生。这也可以说是法律的教育功能。

P15：诚然，我们以前说过，自20世纪开始时起，西方世界已广泛重视社会义务，借以限制个人权利。但这是因为多数现代西方社会，经过一段极端个人主义的时期，而需要一种新的社会责任感，作为平衡的力量。中国并未体会过西方所体会过的"个人"意味；因此，在此时提倡尊重个人——尤其是以法律制度为范围——未必就是违背潮流，而实在也是一种平衡的作用。换言之，我们要强调的是对每个个人的尊重，包括个人对个人的尊重。

[58] 转引自《立法过程中的利益衡量研究》，杨炼著，法律出版社，2010年，P46—47。

《马克思恩格斯选集》(第4卷)，人民出版社，1965年，P250。

《马克思恩格斯选集》(第2卷)，人民出版社，1956年，P103。

《西方社会的法律价值》，[英] 彼得·斯坦、约翰·香德著，王献平译，中国法制出版社，2004年，P45。

《社会冲突的功能》，[美] 科塞著，孙立平等译，华夏出版社，1989年，P144。

[59]《论民主》，[美] 卡尔·科恩，聂崇信等译，商务印书馆，1994年，P186。

[60] 参《全球化与法律理论》，[英] 威廉·退宁著，中国大百科全书出版社，2009年。

P248：我们的法律生活由不同法律秩序的交叉所构成，即所谓法间性(interlegality)。法间性乃是法律多元在现象学中的对应概念，是后现代法律观的关键概念(桑托斯)。

[61]《通过法律的社会控制》，[美] 罗斯科·庞德著，商务印书馆，2010年，P78。

另参P8：在16世纪以后，一种自由竞争式的独立个人的社会理想，随着近代经济秩序的发展而慢慢成长起来，并在法学思想和法律传统中代替了起源于古代并在中世纪建立起来的理想。

P10：文明是人类力量不断地更加完善的发展，是人类对外在的或物质自然界和对人类目前能加以控制的内在的或人类本性的最大限度的控制。

如果人们必须随时武装自己并经常害怕受到攻击；如果没有这样一个假设，即：在文明社会中，人们必须能假定其他人不会故意侵犯他们，必须能假定那些从事某种行为的人在其行为中将适当注意以免给其他人带来遭到损害的不合理危险，那么，曾使物质自然界的许多东西有可能被控制起来供人类之用的研究、试验和调查，就不可能进行了。

P48：让我们来观察一下这些假设或假说。最普遍的和最基本的可以说成是：在文明社会中，人们一定要能假定其他人不会故意地侵犯他们。

[62]《法律的道路及其影响：小奥利弗·温德尔·霍姆斯的遗产》，[美] 斯蒂文·J.伯顿，北京大学出版社，2005年，P325。

[63]《法律、立法与自由》(第一卷)，[英] 弗里德利希·冯·哈耶克著，中国大百科全书出版社，2000年。

P26：这样一句名言："如果你想要好的法律，那么，就烧掉你现有的法律，并且制定新的法律。"就此而言，卢梭甚至发挥了更大的影响；有论者极为确当地指出了他的观点。

[64] 软法，soft law.参 Black's Law Dictionary, Tenth Edition 1. Collectively, rules that are neither strictly binding nor completely lacking in legal

significance. 2. Int'l law. Guidelines, policy declarations, or codes of conduct that set standards of conduct but are not legally binding.

类比案例，国际：《联合国气候变化框架公约》(*United Nations Framework Convention on Climate Change*)；

《京都议定书》(*Kyoto Protocol*)；国内：经国务院授权，国务院新闻办公室发布的《国家人权行动计划》、《未成年人保护法》等。

[65]《隐私合理期待总论——隐私合理期待的产生、发展、继受、分析方法、保护模式和争议》，张安民主编，中山大学出版社，2015 年。

P57：隐私合理期待理论的产生和发展

所有公民都享有隐私权，也就是 Louis D.Brandeis 所提出的"独处的权利"(right to be let alone)。Brandeis 大法官曾说，"美国联邦宪法的起草者们旨在保障每位公民追求幸福所需要的条件。他们早已意识到，精神、感受以及智识对于所有人的重要性，我们一生之中的喜怒哀乐只有一部分会建立在物质生活之上。美国联邦宪法的起草者们旨在保护每位公民的信仰、思想、感受以及情绪。他们确信，独处权作为一项综合性的权利，能够保护公民免遭政府的侵害，这是一项任何文明社会都会珍视的权利。"不论是 Brandeis 大法官的上述论点，还是其他相似的司法理论，它们均将宪法性隐私权视为"任何自由的开端"，这种隐私权"源于我们所生活的宪政体制及其宪政目标之中"，是美国联邦宪法文本所囊括的政治理想。

[66]《隐私合理期待总论——隐私合理期待的产生、发展、继受、分析方法、保护模式和争议》，张安民主编，中山大学出版社，2015 年。

P63：在 Paxton 一案中，James Otis 对警察滥用搜查证的行为提出了这一段里程碑式的控诉：一个人的住宅就是他的城堡，即使他沉默不语、不动声色，他也是被这座城堡保护的王子。Otis，如同 Thomas Jefferson 一般——Thomas Jefferson 后来在起草《独立宣言》时，就坦言其目的在于"昭示人类的共识"——不论是英国人还是殖民地居民都需要一个尊重信仰的社会。William Pitt 将这种信仰表达得最为清晰："即使是最贫穷的人，他在他的小屋中也能抵御来自王室的任何侵犯。这座小屋可能非常脆弱——屋顶会摇晃，大风能够掀翻屋顶，风能进，雨能进；但是国王不能进入这座小屋，国王的任何权力都不敢进入这座即将被摧毁的小屋。"

[67]《人格权法》，[日] 五十岚清著，北京大学出版社，2009 年。

P50:“公正评论之法理”。它是指“事关公共利害关系的事项或一般公众关心的事项,任何人都有评论的自由,只要不牵涉与公共利害无关的暴露私生活或进行人身攻击等,加之评论公正,那么,用语和表达再激烈、再辛辣,或者即使其结果造成被评论者的社会评价下降,也不应该对评论者的名誉毁损责任加以追究。”

P53:最高法院坚持以下观点:“对有关公共利害的事项进行自由的批判和评论,本来作为行使表达自由的权利应当受到尊重,当评论的对象是公务员的公务行为时,即使上述行为造成该公务员社会评价的下降,只要该行为主要是出于公益目的,并且能够证明作为前提的事实的主要部分属实的时候,只要没有达到人身攻击的程度、没有超越评论的范围,应该说作为侵害名誉的侵权行为缺乏违法性。”因此,最高法院否定了发放传单引起的侵害名誉的侵权行为的违法性。

但本案的判旨是,如果事关公共利害,对公务员以外的人员也应该加以适用,另外,如果无法对真实性加以证明时,只要能够证明有相当的理由相信其是真实的就足够了。

[68]《新社会契约论》,[美] lan R. 麦克尼尔著,中国政法大学出版社,2004年,P92。

[69]《新社会契约论》,[美] lan R. 麦克尼尔著,中国政法大学出版社,2004年。

P4:所谓契约,不过是有关规划将来交换的过程的当事人之间的各种关系。

P13:契约性团结——使交换能够进行的社会团结——在最低限度上让当事人联系在一起选择交换而不是杀人越货。

P84:人们可能注意到,有机的团结属于心理学——而不属于社会学、经济学、法学、政治学或武力,只属于心理学。只要处在关系中的每个人对下述问题都给予肯定的回答,这种团结的信念就一定存在,这个问题是:我是否认为我们每个人都期望并能够依赖他人的那些条件将继续存在?如果不能给予肯定的回答,那么,有机的团结即行消失。如果回答是肯定的,不论这个信念是否有充分的根据,是否基于毫无价值的理由之上,或者甚至没有任何理由,有机的团结就存在。

P86:与法律作为一种很少主动地利用,而常常是被动地利用的候补制度的观念密切相关的,是法律相对准确地表述了——如果你愿意,也可以说指明了——指导人类行为的巨大的深层次的和无处不在的习惯和社会习俗的海洋的功能。法律的这个功能就是要告诉社会，在它的惯例和习俗中什么是最重要的。它对有机的团结的心理的关系尤其重大。

[70]《现代社会中的法律》，[美] R.M.昂格尔著，译林出版社，2001 年。

P118：内部人通常是主体面对面碰到的人：一个亲戚、一个朋友、一个同事。

陌生人就是内部人的对立物。

P118：只要内部人还是内部人，那么，尽管他可能会被仇视，但是，主体从来不能完全否认他具有的主体认为自己所具有的人性。相反，对于陌生人而言，尽管本人不需要，但他会作为一个与构成主体的决定性属性毫无共同之处的存在而被主体遇见或接待。无论在观念上还是事实上，或者两者兼顾，主体都很容易地把陌生人降低为实现自己野心的工具或取得成就的妨碍。

[71]《现代社会中的法律》，[美] R.M.昂格尔著，译林出版社，2001 年。

P123：那么，使集团内合作、集团间敌视这种状况逐渐消弱的社会联系的本质又是什么呢？我将这种居中联系的纽带称为利益的联盟。利益联盟的根本前提是：人们服从相对稳定的相互关系标准，因为他们相信这是共同利益之所在，而不是因为他们共同拥有一种同一真理观和善的信念。

P141：自由主义的第二个基本特点则是陌生人与内部人之间严格的界限逐渐消失了。社会秩序变成了利益同盟的关系。

[72]《法理学——从古希腊到后现代》，[英] 韦恩・莫里森著，武汉大学出版社，2003 年，P557。

P43：追求正义的理性的人一定求助于理想主义，这不是因为他希望摆脱政治承诺，而是因为他需要理想——或者精确的模式——以便在其他完全不同的经验的偶然性中为自己定位。

[73]《给每个人发钱——货币发行传导之分配正义刍论》，顾继东著，复旦大学出版社 2016 年，P151。

[74]《礼教与法律——法律移植时代的文化冲突》，梁治平著，广西师范大学出版社，2015 年，P140。

[75]《法律思想与社会变迁》，马汉宝著，清华大学出版社，2008 年，P17。

[76]《公有法典》，[法] 泰・德萨米著，商务印书馆，2001 年，P9。

[77]《现代社会中的法律》，[美] R.M.昂格尔著，译林出版社，2001 年。

P180：人们对自己理想与日常生活经验之间的冲突的认识，这种冲突在自由主义社会中被推进到了极端的程度。

P204：允诺把自由与超越和社会及内在秩序调和在一起的同一进程威胁着要用牺牲前者来取悦后者。在简述理想国时，柏拉图提到这样一种社会，由于人被降低为只需要动物性的满足，因而，人们不仅丧失了自我批评的能力，也丧失了对不完善的认识。柏拉图称这种社会为“猪猡之邦”。总之，本文讨论的历史趋向的意义在于：提供一个“猪猡之邦”的远景惊吓自己的简单手势，同时又用天使之邦的未来引诱人们。通过给我们提供了极端的善和恶的形象，启示我们认识什么是人性中的兽性和崇高因素。

[78]“要晓得感觉与我们内里的生命是无干的，相干的是附于感觉的直觉；理智与我们内里的生命是无干的，相干的是附于理智的直觉。我们内里的生命与外面通气的，只是这直觉的窗户。”

《梁漱溟全集》(第一卷)，梁漱溟著，中国文化书院学术委员会编，山东人民出版社，1989年，P468。

[79]参《有无之境王阳明哲学的精神》，陈来著，北京大学出版社，2013年。

P154：良知即是非之心

良知的观念源出于《孟子》，孟子说：“人之所不学而能者，其良能也。所不虑而知者，其良知也。孩提之童无不爱其亲者，及其长也，无不知敬其兄也。”(《孟子·尽心上》)

王阳明继承了孟子的思想，他说：“心自然会知，见父自然知孝，见兄自然知弟，见孺子入井自然知恻隐，此便是良知，不假外求。”(《传习录》上，《全书》一，第39页)“自然”表示不承认良知是外在的东西的内化结果，而把良知看作是主体本有的内在的特征。

是非之心，智之端也。(《孟子·公孙丑上》)

王阳明则认为四端在某种程度上可以归结为“是非之心”，从而特别强调良知作为是非之心的意义。

P155：他对陈九川说：“尔那一点良知，是尔自家底准则。尔意念着处，他是便知是，非便知非，更瞒他一些不得。”(《全书》三，第74页)在王阳明看来，良知是人的内在的道德判断与道德评价的体系，良知作为意识结构中的一个独立的部分，具有指导、监督、评价、判断的作用。

[80]《中国伦理思想研究》，张岱年著，中国人民大学出版社，P7。

又参 P185:“知”“行”问题是中国伦理学说史的一个重要问题。《中庸》云:“博学之,审问之,慎思之,明辨之,笃行之。”这里明确提出知行次序问题。荀子说:“不闻不若闻之;闻之不若见之;见之不若知之;知之不若行之。学至于行之而止矣。”(《荀子·儒效》)

[81]《有无之境王阳明哲学的精神》,陈来著,北京大学出版社,2013 年,P87、P90。

[82]《原则的实践为法律理论的实用主义方法辩护》,[美] 朱尔斯·L.科尔曼著,法律出版社,2006 年,P19。

[83] 参《良好秩序观的建构:郎·富勒法律理论的研究》,邹立君著,法律出版社。

P163:第三章

(4) 富勒坚持行动中的道德性。亚里士多德在《尼各马科伦理学》中将德性解释为人们的现实活动中的德性,“正如其他技术一样,我们必须先进行现实活动,才能得到这些德性。我们必须制作所要学习的东西,在这些东西的制作之中,我们才能学习到要学的东西”。

P164—165:第三章

“按照德性生成的东西,不论是公正还是勇敢,都不能自身是个什么样子,而是行为者在行动中有个什么样子。第一,他必须有所知;其次,他必须有所选择,并因其自身而选择;第三,在行动中,他必须勉力地坚持到底。……行为者,并不是由于他做了这些事情而成为公正和节制的,而是由于他像公正和节制的人那样做这些事情。”

[84] 我们必须思考苏力的问题。《法治及其本土资源》,苏力著,中国政法大学出版社,2004 年。

PVI:就过去的一百多年来说,中国无论在自然科学、社会科学还是人文科学(特别是前两个学科)都主要从外国、特别是从西方发达国家借用了大量的知识,甚至就连这些学科划分本身也是进口的——尽管它现已成为我们无法摆脱、也不想摆脱的生活世界的一部分。然而,在借鉴了这一切外来的知识之后,在经济发展的同时或之后,世界也许会发问,以理论、思想和学术表现出来的对于世界的解说,什么是你——中国——的贡献?

[85] 此段写作,启发于《法律意识的实质》,[俄] 伊·亚·伊林著,清华大学出版社,2005 年。

P22：要想具有成熟的法律意识，心灵中就必须获得一种特殊的经验，它大概可以这样来表示：这首先是对某种触摸不到的、具有客观意义的对象进行的直接、真实和清晰的体验。

P28：法的精神使命在于：要活在人们的心中，用自己的内容去“充实”他们的感受并以此在他们的意识中形成内心确信，影响他们的生活和外在行为方式。法的任务则在于：要在人的心中创造最佳行为动机。

P23：如同要研究良心的实质就必须实施良心的行为和体验良心的呼唤，也就是说，必须凭良心生活；同样，要研究精神健康的法律意识，也只能在自己心中寻找它，在生活的体验和实现中培养它、巩固它和深化它。

P235：自律应该成为他律的创造性源泉，应该把他律视为自己的必然产物并使之神圣化，然后使它成为能让自己得到普及和繁荣的武器。

P236：法是一种能把人与人联系起来的精神的团结一致现象。

[86] 引自《全球化与法律理论》，[英] 威廉·退宁著，中国大百科全书出版社，2009 年，P371。

钱向阳：没有过去的纠缠，我们可以更快地适应新的世界；没有遗产的负担，我们可以获得更贴近全新的世界的全新认识。在这一点上，遗产的缺乏似乎成了中国人的优势。

优势是可能的，劣势却是肯定的。遗产的失去使我们失去了思想的武器，也因此失去了深层思考的能力。当今中国法学界沉醉于细枝末节的法律技艺，而且还本末倒置，把这些末端的技艺误作是法律与法学最重要最根本的所在。

[87]《实践理性批判》，[德] 康德著，韩水法译，商务印书馆，2015 年。

P95：第一卷第三章

在全部被造物之中，人所愿欲的和他能够支配的一切东西都只能被用作手段；唯有人以及与他一起的每一个理性的创造物，才是目的本身。

P144：第二卷第二章

在目的的秩序里，人（以及每一个理性存在者）就是目的本身，也即他绝不能为任何人（甚至上帝）单单用作手段，若非在这种情形下他自身同时就是目的。

P177：结论

有两样东西，我们愈经常愈持久地加以思索，它们就愈使心灵充满日新又新、有加无已的景仰和敬畏：在我之上的星空和居我心中的道德法则。

图书在版编目(CIP)数据

亲身体尝——互联网思维下的消费者保护/顾继东,秦悦民著.
—上海:复旦大学出版社,2017.4
ISBN 978-7-309-12918-2

Ⅰ.亲… Ⅱ.①顾…②秦… Ⅲ.消费者权益保护-研究-中国 Ⅳ.D923.84

中国版本图书馆 CIP 数据核字(2017)第 068118 号

亲身体尝——互联网思维下的消费者保护
顾继东　秦悦民　著
责任编辑/王联合

复旦大学出版社有限公司出版发行
上海市国权路 579 号　邮编:200433
网址:fupnet@fudanpress.com　http://www.fudanpress.com
门市零售:86-21-65642857　团体订购:86-21-65118853
外埠邮购:86-21-65109143　出版部电话:86-21-65642845
上海市崇明县裕安印刷厂

开本 890×1240　1/32　印张 6.875　字数 146 千
2017 年 4 月第 1 版第 1 次印刷

ISBN 978-7-309-12918-2/D·886
定价:25.00 元
